我的黑手父親

港都拖車師傅的工作與生命

Being a Craftsman

Life, Work and Social Mobility of Trailer Makers in Kaohsiung

謝嘉心 著

Misfits 18

我的黑手父親
港都拖車師傅的工作與生命

作　　者　謝嘉心
攝　　影　Chih-Hsuan Wu
台語文顧問編審　賴昭男

責任編輯　李晏甄
封面設計　吳致萱
內頁設計　丸同連合

印　　刷　漢藝有限公司
初版一刷　2021 年 11 月
初版二刷　2022 年 7 月
定　　價　380 元
ISBN　978-986-06604-4-9

出 版 者　游擊文化股份有限公司
網　　站　https://guerrillalibratory.wordpress.com
電　　郵　guerrilla.service@gmail.com

本書如有破損、缺頁或裝訂錯誤，請聯繫總經銷
總 經 銷　前衛出版社 & 草根出版公司
地　　址　104 臺北市中山區農安街 153 號 4 樓之 3
電　　話　(02) 2586-5708
傳　　真　(02) 2586-3758

國家圖書館出版品預行編目(CIP)資料

我的黑手父親：港都拖車師傅的工作與生命／謝嘉心 著；初版.臺北市：游擊文化：2021.11. 328面；14.8x21公分(Misfits 18)
ISBN 978-986-06604-4-9(平裝)
1.勞動問題 2.運輸工具工業 3.工業社會學
556　110015218

本書除了「番外篇」所有照片、第三章及第四章章名頁、頁 102、112、117 之照片為謝嘉心提供之外，其餘未註明攝影者之照片，皆為 Chih-Hsuan Wu 所拍攝。
本書獲「高雄市政府文化局書寫高雄出版獎助」

01.汽車車頭

02.半拖散裝水泥車

03.平板型－半拖式平板

04.平板型－半拖式平板（有車頭）

05.平板型－全拖式鋼圈板

06.車斗型－半拖式西瓜斗

07.車斗型－半拖式車斗

08車斗型－半拖傾卸式抓斗

09. 廂型－半拖貨櫃車

10. 廂型－翼式廂型車

11. 曳引車－V槽車

12. 曳引車－混凝土預拌車

13. 曳引車－車頭與車軸

14. 曳引車－吊臂欄式貨斗（秤仔車）

15. 曳引車－掃街車

獻給我們家可愛又迷人的兩位師傅
我的父親謝進文先生
我的母親呂美桃女士

目次

共同推薦

謝國雄（中央研究院社會學研究所研究員、清華大學社會學研究所合聘教授）

一個以技術為傲的車斗師傅，不時恐嚇女兒：如果不好好念書，以後就像我一樣做工。這個女兒認真念書了，拿到社會學碩士學位，然後寫了這本書。不像一九七〇年代的成衣業、塑膠加工業等的受僱者，努力讓自己翻身成為頭家，這些有「工夫」底的車斗師傅，卻不想創業成為頭家，這是為什麼？這些師傅擁有一身絕活，為何回到家中，卻處處貶低自己的工作？作者以祖父母、雙親與自己的生命經驗來解開這個雙重的身世之謎。這是一本結合生命、研究與寫作的社會書，全書以流暢的故事展開技術與文憑的對話，值得所有想了解台灣社會的職業與工作、家庭與親情、教育與產業的人一讀！

宋世祥（中山大學人文暨科技跨領域學士學位學程助理教授、【百工裡的人類學家】創辦人）

父親的工作不光是一家的經濟收入來源，往往也成為孩子認識這個世界、這個社會最重要的入口。謝嘉心不只用《我的黑手父親》說了自己父親的故事，也寫出了高雄這個工業城市裡，乃至全台灣廣大勞工家庭與群體的故事。透過嘉心細緻又全方面的描述，工人不只是髒兮兮的黑手，而是充滿勞動價值的黑金。

林文蘭（清華大學社會學研究所、人社院學士班合聘副教授）

在台灣這座「頭家島」上，不是每個黑手都想成為頭家，有些人「甘願做師傅」。本書描繪了以技藝自豪的師傅，為何不願攀升流動階梯？更遑論讓孩子繼承父業。這本深刻動人有台灣味的民族誌，擁有社會學分析的質地，更蘊含豐富的文化肌理和生命印記。作者刻劃港都拖車師傅置身的勞動世界：他們如何在師徒制底下，從「做中學」鍛鍊手路；他們如何出師，精進技術、勇闖江湖，與頭家斡旋和互挺。本書讓我們看見擁有真工夫、打造經濟奇蹟的拖車師傅如何安身立命，更引領我們反思「技術王道」和「文憑主義」之間的永恆對話。

劉清耿（輔仁大學社會學系助理教授）

這是一本可讀性高的社會書。寫作起點來自作者與父親在互動中萌生的困惑：為什麼擁有一技之長，專於製造、維修拖車的父親對自身的技術能力感到驕傲自豪，卻又時常以貶抑自己職業的方式告誡子女：「不好好讀書，將來就跟我一樣做黑手」？圍繞著這個謎題，作者展開她的解謎之旅。可喜的是，這場解謎之旅一如刻印在黑手父親身體裡的鐵工技藝，豐富多彩。在流暢行文中，讀者除了可以認識一位平凡父親的生命故事，也可以了解黑手師傅在傳統師徒制裡的技術養成經驗，更得以一窺台灣傳統產業技術變遷的縮影。《我的黑手父親》不僅是精彩的技術研究，也是富有社會學想像的社會書。

推薦序

老鼠生的孩子想打洞

吳曉樂（作家）

翻開這本《我的黑手父親》，我沒有一刻停止想起我的父母親。

他們的形象與本書所勾勒的人物有極高的疊合。家父原從事物流，隨著身體不堪重負轉型成小黃司機；母親十三歲那年，孤身從澎湖上船，走入高雄加工出口區，踩著鐵馬在廠區穿梭，大把青春歲月化為一枚敬業的螺絲釘。後來她跟隨丈夫，於台中落地生根，數度易業，後以清潔為主。他們的長女，我，一路從中女中讀到台大，逐日從同儕的家庭背景感受到某種「階級篩選」的漸層，友人父母多有醫師、律師、建築師、會計師等，他們高度期盼，想方設法，以求孩子「克紹箕裘」，我轉身回望我的家庭，恍然大悟，屬於工人子女的故事得重新寫過。

俗諺有言「龍生龍，鳳生鳳，老鼠生的兒子會打洞」，意指父母對子女影響深遠。然而工人父母往往反其道而行，他們一心念想子女，踏上與自身截然不同的職涯，不惜以否認自己的方式肯定孩子的成就。我的父母並不忌諱讓我親見他們的工作現場，父親接送我上下學，我也曾經陪同我媽進入不同業主家屋賣命灑掃、刮除陳垢，然而兩老也會明白提醒我「界線」的存在，我不只一次從他們口中聽到「妳是拿筆的，以後吹冷氣，靠動腦賺錢，不要像我們一樣靠身體，老了這也痛，那也痛」。從謝嘉心的書寫，我一再辨讀到自身曾有的不安與困惑：若父母不是試圖抹消，就是省略他們勞動的痕跡，人子如何看待、親近、甚至敬重自己的出身？另一個問題是，界線以何為判準？承認界線的同時，我們如何想像流動的方向？

本書以作者父親的職業——拖車師傅的工作現場，深入探究職業技術的價值與學歷證照之間的緊張關係，兩者間本應相互牽成輔證，但因台灣社會長期側重「文憑」，日積月累「污染」了我們的心證。作家胡淑雯亦曾在〈奸細〉一文，寫出了這種主義如何打擾了我們的舌頭，「我爸是開計程車的，我媽是開雜貨店的，叔叔是擺地攤的。我家左邊是做木工的，右邊是賣魚的，再往右是賣菜的，對面是賣羹麵的。我們是沒有職銜的，做事的」。

書中強調拖車師傅的養成仰賴大量的「默會知識」，意即「只可意會，難以言傳」的知識，換句話說，知識含量絕對不低，只是傳遞過程並不經由文字語言，而是發自不可視、難以測量的身體五感，要將這些絕技轉換成專業證照，不僅轉換上自有難度，比率也相當有限，最具體的呈現莫過於謝嘉心寫到博士學歷的弟弟因工作需求，也得學習操作天車，進而與父親的工作產生交集。父子倆養成背景不同，取徑方法自然有別，弟弟喃喃背誦流程，父親則早已從長期的浸潤，深刻「體會」如何操作這碩大無朋的機械。又，書中師傅反覆提及工人得「忍受曝曬」，與文人「寒窗苦讀」的形象產生了有趣的溫差，平平是接受層層試煉而鍛鑄出的複雜心智，卻因人們認知的差距而引發後續一連串歧見。

我的家族有些長輩也跟書中的拖車師傅一樣，是「師仔工」，興致一來，也道起從前集體學習的逸事，但若我追問下去，他們卻赧然揮手，稱往事不值一提。慶幸作者翔實記錄師徒制的背景與轉進，我找著了長輩生命史失落的幾塊拼圖，更十分認同作者的結論，台灣古早社會的師徒制與學校教育各有值得師法之長處，一味以今賤古會讓我們錯失了許多明媚的風景。

人在錨定個人座標時，很難不從出身伊始，若對我們父母的認識是一片空白，又何以勾勒自身的樣貌？我自法律系畢業後，父母以為我將考取執照，順遂地「食人頭路」，享受相對恆定的生活品質，不若他們按件計酬，看景氣吃飯。豈料我一意孤行，幾經周折，今已開立工作室，以文字工作維生，獨立接案，盈虧自負。有時為了田野調查，千山萬水，矖得頭暈眼花，母親一度唸我踏上她跟父親的老路，我則無賴還以「誰叫妳屬鼠，老鼠的孩子也想打洞啊」，見我果斷，母親索性傳授她的做事心法，「客戶通常從妳經手過的作品來判斷妳的才調，千萬不能濫竽充數，傷及口碑」，「與人為善絕不是壞事」，「案件越困難，越能磨練出好技術」，許多台詞都與書中師傅所述有著高度的重疊；而母親從社區大樓、汽車旅館、星級飯店，直到她認定自己足以應付多元的傢俱材質與清潔需求，才踏入按時薪算、競爭激烈的居家清潔，更與書中師傅以「跳槽」來增進技藝的歷程不謀而合。

如今，「老花眼」成了我的父母閱讀上的阻難，我閒暇之餘也為他們「讀」書。日前我猜測《我的黑手父親》應能投其所好，俐落「獻聲」說法，也同他們一起斟酌書中台語讀音，兩老對於作者祖父拖著滿載家當的手拉車，自台南翻山越嶺至台東一段格外有共鳴，分別說起我的先輩們數十年前是怎地謀算、尋覓開枝散葉的一方水土。書中每個人物都是台灣經濟變遷的縮影，我們從中感知到社會的物質、文化氛圍如何與個體的心性產生耦合，交織出一則則有機且饒富生命力的故事。謹以我父母的結論闔起整篇文章，「這個作者寫出了我們那個年代的故事與精神」。

技術能當飯吃，但不要孩子吃這行飯——女兒寫給爸爸的深情告白

張慧慈（《咬一口馬克思的水煎包》作者）

我跟本書作者謝嘉心認識十五年了，從初入大學的青澀，到現在工作造成的苦澀，唯一不變的是，我至今仍然無法從外表與言談，嗅到一絲絲她出身於工人家庭的事實。如果不講話，嘉心活脫脫是個中產階級孩子的模樣。

我對嘉心的第一印象是清秀、白皙、高䠷，講話溫柔，完全看不出她成長於豔陽高照的南台灣。後來我們兩個因為個性跟興趣相投而越走越近，這才發現我們的爸爸居然都是做工的，而社會學給我們帶來的感動，讓我們決定念研究所來解答「工人階級出身的自己，為什麼會出現在清華大學？」

這本書就是謝嘉心的答案，也是她對爸爸的深情告白，更是所有相似背景的

你、我、我們周遭的朋友，共同的解答。

同樣出身工人階級家庭，嘉心顯得格外有紀律。她對於時間的分配、對於金錢的使用、對於未來的規劃等等，都跟一般對工人階級只看眼前、領到錢就吃大餐、沒有明確的時間管理能力等印象大相逕庭。但在日常生活聊天中，我又感受到我們同為工人之子的相似之處，像是我們在外語課很難找到可以定義父母職業的詞彙；在作業舉例時，我們總是以日常生活為例，很少使用比較高雅、中產階級式的例子。而我們與清大其他同學最大的差異則是，我們要做任何事情之前，都會先評量自己以及學校是否能提供可用的資源，才會進行下一步。

學過社會學後，我們更是喜歡以自己的工人階級家庭來舉例，帶有一種要把過去覺得彆屈的心情給全盤傾倒出來的感覺。有次系館要整修，公告寫著：「最近因施工工人頻繁出入，請女學生注意自身安全。」全班同學只有我們兩個注意到這點，我們相互抱怨了一番，最後要求學校修改用語。

沒錯，社會學帶給我們的，是一種加冕，我是工人階級的孩子，我能夠站在這邊，就是一種社會流動的最好證據。

我們的記憶有著相似點，在我小時候的印象中，父親總是穿著沾滿紅毛土凝固後結成灰白色石塊的褲子，拿著他的傢俬，開著小貨車到處去做事。爸爸從不吝嗇向孩子展示他充滿污漬的衣物，這是他的榮譽勳章。

爸爸出身於農家，他在頑顢讀冊的情況下，早早跟著阿公去做土水，在我有意識的時候，爸爸就已經是小工頭了。我的媽媽也是學技術的，但與爸爸不同的是，身為長女的她雖然很聰明、很會讀書，但因家境困苦，外婆一句「有技術以後去哪兒都有頭路」，因此媽媽國中畢業就到台北學美髮。

苦學出師的媽媽，也憑著技術取得不錯的收入。在弟弟生病後，媽媽為了賺取更多收入以及照顧弟弟，而到工廠當作業員，月收入一樣不低，但媽媽總是跟我們說：「認真讀書，不讀書的話，以後跟我一樣嫁人做女工。」如同《我的黑手父親》書中多次描述的，作者的父母常以慎重的語氣表示：「不好好念書，將來就做工人」一樣，「做工」是父母最不希望小孩走上的一條路。弔詭的是，我們的父母都以辛勤做工來養活一家人，但這也是他們最想撕掉的標籤。

我的父母每天都在吵架，少數聽過媽媽對於爸爸的正面評價，是爸爸對於蓋房子有著高超的技術與堅持，而爸爸也一直以自己的技術為榮，他最常掛在嘴上的是：「技術好，我收這個錢就是應該的，我做一次可以撐十幾年，如果是找那種有設計師的建築公司，還是特力屋隨便買買就安裝的，很快就壞掉了，修理都不止那個錢。」

《我的黑手父親》描述某年過年，作者的父親不願打壞行情，寧可放棄那個案子也不降價，這讓我回想起有次我在ＰＴＴ看到有人想找土木工人，我讓爸爸聯繫對方。通了電話後，爸爸對我大罵一頓：「以後麥在網路上尬我介紹，那裡的人都不識貨，以為這個親像特力屋自己買回來裝就好，我要是接了，行情就打壞了。」

我也記得有次問爸爸，為什麼拆除牆壁比貼牆壁磁磚還貴？爸爸說：「拆壁拆不好，後面要做什麼都多一遍工。拆好了，後面牽管線、抹壁、貼磁磚都輕輕鬆鬆。」因此，當業主討價還價時，只要砍到技術價格，爸爸就堅決不讓，甚至寧願不接。

作者父親也曾經因為工廠負責訂材料的人，因為想要省成本訂了不同的鋼材，沒有考慮到作業現場以及施作可能面臨的問題，而選擇罷工。我們的爸爸選擇「不做」的理由，都是基於對技術的自信，以及對於技術所應有的價值而所做出的反抗。

近年來，在政府的提倡與相關政策鼓勵下，技職體系所強調的「一技之長」似乎以明星姿態重新躍上檯面，然而像我跟作者這樣出身工人階級家庭的孩子，從小陪伴到大的，是「好好讀書，以後去坐辦公室」，或是如同書中說的「毋通佮我做仝途」。如同作者的弟弟一樣，我在高一升高二的暑假，媽媽帶我去工廠做了兩個月全職工作，目的就是要表達：「不讀書，將來只能做工」。

政府希望培養擁有技術的職人，讓台灣重要的工藝以及產業能有可以迅速上手的人才。但在「萬般皆下品，唯有讀書高」的迷思尚未打破前，社會對於技職體系培育出來的人才，仍舊未給予同等的尊敬，多半視之為「比較有用的工人」而非擁有「一技之長」的職人。許多家長還是希望小孩上一般的高中、大學，畢業後找個坐辦公室的工作，讓祭出高額獎勵辦法的政府收效甚微。

有次看電視說到AI人工智慧，我跟爸爸說，以後蓋房子會被機器人取代。爸爸生氣到髒話狂飆，一直跟我強調：「阮做土水的技術機器人學不會，有一些眉眉角角沒注意，厝住起來就毋爽快，人就會衰，囡仔人空空，學人黑白講。」

我知道爸爸講的都有道理，但專業的術語，他一個字都說不上來，導致他必須靠著好口碑來得到工作以及應有的尊重。如同本書的拖車師傅，他們的工作來源，極度仰賴自己的口碑，以及產業圈當中相關從業者的相互介紹。有趣的是，我的爸爸在業界雖然因為專業技術擁有好口碑，但年輕人以及社會，卻不知道怎麼找到這些有口碑的老師傅。

口碑背後代表的技術價值這個重要關鍵，隨著父母那一輩的老去，漸漸被網路評價和CP值給取代，所謂的工藝跟技術，在沒有學歷或是獎項的加成之下，似乎也只是成為紀念館、博物館中的一張張古舊的照片，也是作者爸爸不太希望孩子看到的工作污漬。

最後我想提一下書中著墨很深的師徒制，雖然在當代看似被建教合作、實習制度給替代，但師徒制其實巧妙融入當代社會裡，由於學用落差的關係，許多人在初入職場時，對於工作應該要做什麼，基本上沒有概念。若公司沒有良好的教育訓練，或者遇到不會教人以及藏私的前輩，那在職場要取得成績基本上只能靠運氣，或從錯誤中學習，錯誤還不能太大，不然會過不了試用期，至於要累積好口碑，更是有點癡人說夢。

即使遇到貴人，累積了豐富的經驗及技術，轉職跟升遷還是與人脈經營息息相關。許多人生指引的書籍，也會教大家平日要多培養人脈，多與人交陪，這樣在未來要轉職時，才能夠靠著口碑跟人脈，步步高升。如同作者的爸爸，在閒暇之餘，會拿著保力達、手搖杯等飲料，走訪朋友、同業，為的不是別的，就是那份見面三分情。

有技術實力，有人脈，才能確保源源不絕的工作機會。

因此，這本書不僅書寫了高雄拖板車師傅與產業的發展景況，書裡所描述的工作景況與口碑經營，在當代社會仍是相當值得借鏡。

今年端午節，嘉心的媽媽包了一袋肉粽給我這個因疫情滯留異鄉的遊子，我則試圖回饋一些表演藝術演出票券，嘉心的媽媽電話裡笑著說：「好啊，我們也沒有進去衛武營看過表演，這次就託妳的福進去看看。」

或許，我們的父母對於一手打造孩子的未來到底是什麼模樣，除了驕傲，還有深深的好奇吧。

／序言

不讀書，以後就像我一樣做工

也許你也有這樣的經驗，小時候因為想出去玩、想看卡通、想看漫畫、想打電動，或是其他任何原因而在讀書上懈怠時，父母會喝斥你：「不讀書就去做烏手(oo-tshiú)[1]」或是「不讀書，你以後是要去抾捔(khioh-kak)[2]嗎？」而這兩句話，幾乎是我對父親工作的最初印象。

比起「工人(kang-lâng)」一詞，我最先理解到的詞彙是「烏手」，工作內容粗重、必須接觸機具而導致雙手烏黑的工作，就叫做「烏手」。

小時候的我，將「烏手」與「抾捔」視為同義詞，在我不認真寫作業、吵著不要補習時，父親的職業才會從我的日常生活中浮上水面：

「好好讀書，以後才不會像你爸一樣做工。」

「不讀書，以後是要跟我一樣做工嗎？」

「不要以後像我一樣做烏手啊！」

無論是告誡或是恫嚇，父母親總以父親的職業當作反面教材，「工人」、「烏手」、「拄捥」，對我來說就是必須依靠讀書全力避免的未來，而父親的職業包含父親本身，則成了展示著不堪的、讀書失敗的負面教材。

我的父母為子女描繪著未來的藍圖，在好的未來與壞的未來之間畫出一道光譜，好的一端是醫師、律師、老師、公務員等等一切他們所能得知安定且薪水佳的職業，而壞的一端是他們自己（他們性格厚道，除了自己的工作之外，從不批評他人的職業）。他們一方面盡力透過讓孩子上補習班與才藝班，彌補自己無法提供的文化資本，另一方面則將我和弟弟推向光譜的另一端。

父親與他的工作被我的父母刻意畫下一條明顯的界線，我和弟弟被歸在界線之外。父親下班做的第一件事是洗澡，就算下班立刻要接孩子去補習班，只要條件允許，他都會優先洗澡、盡量避免帶著一身汗味與油漬送孩子上課。此外，他工作穿的衣服與家裡其他人的衣服不僅分兩台洗衣機清洗，也晾在不同地方。

我和弟弟幾乎沒有踏足過父親的工作地點，家庭餐桌上幾乎不談論父親的工作，而父親的同事，也從來不是我們家庭社交的對象，就連工作的內容，我一直以來的認識都只有「做拖板車的」，以及父親職業調查欄中必填的「工」。

我和弟弟從未具體感受到身為工人子弟的不利條件，在還沒開始認識身為工人子弟的好處與壞處時，就已經被保護在溫室之中，朝著父母描繪好的未來前進，而那個未來的圖像則與父母過往以來的生命歷程完全斷裂。

於是從國中到高中，我埋頭於教科書與參考書之間，與各種學科纏鬥拉鋸，直到坐在清華大學的教室，因為接觸了社會學，才重新開始認識自己的成長背景。

到了研究所，為了碩士畢業論文，試圖將自己的成長經驗凝鍊成一百字的問題意識時，我才清楚意識到那條界線的存在，以及我與父母親的斷裂。

事後想起來仍覺得矛盾，我依照父母的規劃走向讀書的道路，並且一路念到碩士，但在漫長讀書之路的盡頭，我卻回頭看清了自己從未認真面對過的出身背景，而且還傾盡教育成果，用了數年心力，以父親與他的職業為主角，完成了一篇反思文憑至上主義的論文。

港都黑手師傅的生命、工作與社會流動

這本書改寫自我的碩士論文《「做師傅就好」：港都黑手師傅的生命、工作與

社會流動》，我以父親以及他的同事，亦即在高雄的「拖車師傅」為書寫對象，除了描繪重工業交通載具「拖車（thua-tshia）[3]」製造業的產業樣貌之外，也將拖板車製造者的工作狀況與學藝經歷呈現在世人眼前。

這些大型的交通工具，是以近似手工業的模式製造出來的，從業者的薪資制度有計件制也有月薪制。大部分的師傅都是獨立完成一座車板，在製造流程上不僅沒有詳細分工，每個人製作的流程還會因為習慣與經驗而有所不同。此外，每位師傅學習技術的方式則完全依賴時間與實作經驗累積的師徒制。

拖車產業的發展與台灣從農業到工業的歷史背景息息相關，而這群師傅由農轉工的階級流動軌跡也深受影響，在他們耗費漫長時光累積一身技術，讓他們堪堪在工作場域立足時，台灣的重工業已經開始走下坡。這群師傅在時代潮流的侵蝕中，不得不為孩子規劃更符合社會變化的就業之路，從而讓他們在家庭裡表現出對自己工作的貶抑。

這樣的矛盾反映的是台灣社會對於技術與學歷的評價，在「萬般皆下品，唯有讀書高」的傳統價值影響下，台灣民間對於讀書與取得學歷相當執著，這也壓縮了對技術價值的正面評價。而在我一點一滴完成論文的過程中，想為技術價值多說一些話來平衡社會觀感的想法越來越強烈，隨後也成為論文寫作的重心。

我希望透過這個研究，讓大眾認識這群師傅在年輕時選擇追求技術的理由，以及他們學習技術的過程，還有取得技術後，技術帶給他們在職場上的「利基」。為了表現這些面向，我的研究論文是以港都拖車師傅的培養歷程為敘事軸線，並透過他們對於工廠白領員工的態度以及對於自己孩子未來的期待，來描寫他們對於技術至上與學歷至上價值的矛盾心態。

而在這本書，我將先描述故事發生的時代背景，與當時「找工作」的趨勢與氛圍。接著則以本書主角，也就是我的父親為中心，描述他與同事們的學徒生活與學習技術的歷程。了解技術取得如何不易之後，我們將進一步透過師傅的自我描述，了解技術對他們的重要性，接著則轉而描述師傅們在職場上與同事、老闆、其他工作同仁的互動表現，如何驗證技術帶給他們的自信與自豪。

最後，我們將重新回到師傅們對於「好工作」的想像與追求，走進師傅的家裡，看看他們如何在職場上風生水起，卻又在家裡處處貶低自己的職業。

這些師傅投入大把歲月建立起他們的工作技能與自信，最終卻在子女面前作結。這故事所呈現的，是連師傅自己也說不清、道不明的認同拉扯。而我們能在這其中看出他們的矛盾與價值判斷如何與時代和大環境互動，以及無論時代如何變遷，都永遠不變的，希望子女更好的父母心。

台語文的標注

本書記錄的對話，無論是我與師傅之間或與我父母的對話，有九成以上是以台語進行。當年在寫論文時，我從未想過使用正式的台語文與台羅拼音來標注這些詞句，而是把台語發音的詞彙或直接標成中文，或使用常見的華語字表示，並無認真考究、也沒有意識過誤用的問題。但在成書前夕，我身邊的朋友已經有人在這個領域深耕許久，也很努力推廣正式的台語文與台羅拼音（台灣閩南語羅馬字拼音方案，簡稱「台羅」），因此我主動跟編輯提出要在書中加入台語文標記。

一開始只是單純希望將書中的台語文句都改為正式用字並標注台羅拼音，只是沒想到，當我諮詢的台語文專家賴昭男先生將試譯段落傳來時，我看見了一大段不常見的台語文用字。

台語文推廣工作在台灣已有三十餘年，雖然相關工作者十分努力，也一步步將台語文落實在基礎教育中的母語教材中。他們推廣在台語的文字表記中使用教育部的規範漢字及羅馬字，但正式的台語用字對於已經習慣華語閱讀情境的人來說，有許多不常見的冷僻字詞，例如這篇序言開頭提及台語用來形容一個人不成器的詞「抾捔」(khioh-ka̍k)。我們常見且可以理解的用字可能是「撿角」，但這卻是華語字的誤用，因為「捔」跟「角」的意義並不相同。只是「抾捔」兩個字連我乍讀之下都難以理解，遑論加上後面一串台羅拼音。

我接受過高等教育，也學習過羅馬拼音，不熟悉的台語文字可以忽略，也可以努力從台羅拼音拼湊出這個詞的讀音。但是，像我的父母或其他拖車師傅，他們沒有受過高等教育，就連ABC可能都很難唸全的情況下，這些他們日常生活中隨口就能說出的台語詞彙，若使用台語文呈現，對他們來說會不會突然變成「最熟悉的陌生人」？

考慮不熟悉台語文的讀者，以及甚至可以被形容為「台語文盲」的父親輩師傅，我曾想將錯就錯，在正文中使用常見的華語文字加上台羅拼音，然後在註解中標記正確的台語文用字。

但賴昭男先生的理念讓我改變了這個作法。站在台語文推廣運動者的立場，賴先生再三強調「台語本位」的立場、希望盡量不要使用已知誤用的華語字來標示台語母語者的語言。既然書中的對話九成以上是台語語境、既然我父母的母語都是台語，趁這個機會讓他們認識正式的台語文字，或許能成為一段難得的學習經歷。

經過各自的立場辯論與閱讀感受等各方考量下，我們最後歸納出不翻譯大段落、只翻譯台語語境下的特定用詞，以正式的台語文用字呈現這些詞彙，而乍讀之下難以理解的詞彙則加上註腳說明。

對不熟悉台語文的讀者來說，閱讀起來可能會有些窒礙，但不妨當作是認識、理解、學習台語文的好機會。無論你是台語流利的人，或是只會不輾轉（liàn-tńg）[4]地說出幾個台語詞彙的人，期望這本書能為你們帶來不一樣的閱讀體驗。

致謝

這本書自我畢業至今歷經各種延宕拖沓，直到二〇二一年才完稿。書籍與論文相較，無論在內容或結構上都大幅調整，後續也經過幾次回訪，因此在書中補充了從我進入田野至今約十年間，高雄拖車產業以及這群黑手師傅的變化。

沿途景色有許多人支持著我、陪我一路走來。謝謝帶我走進社會學之路的姚人多老師，老師在大二「社會學導論」課堂上出的第一個作業「我是誰？」成了我的啟蒙，而我用八年的修業與五年的寫書生涯再度交出這個提問的答案卷，不知道這次的答案，老師會給出什麼評價？

謝謝一路帶我從歷史、哲學、人類學、語言學等學門窺探人文社會學科奧秘的清大人社系、清大社會所的師長、同學，你們不拘泥於學門、強調跨領域的應用研究，最後成為我的碩士論文以及這本書的基調。跟我同輩的人之中，大概有幾百、幾千位出身背景跟我相似的人，正因為如此，我們隨處可見的故事，才在社會科學觀點中展現了它的價值。教會我這點的，就是清大的師長。

要特別感謝論文指導教授林文蘭老師、口試委員謝國雄老師與蔡瑞明老師，包容我每次見面討論就一把鼻涕一把眼淚，也不計較我的「欺師滅祖」，在理論與問題意識的發展上給了我很多意見，有你們的砥礪、支持與適時遞上的衛生紙，才成就了這一本書的基礎。尤其是文蘭老師在得知本書的出版消息時，表現得比我還開心、積極地校對與推廣。有這樣一位在學生畢業多年之後還願意把學生的事如此放在心上的老師，是我莫大的幸運。

感謝出現在這本書中的每一位受訪者，從我撰寫碩士論文階段就毫不吝惜地與我分享他們的人生故事與工作經驗，等到我要寫這本書而回訪時，他們也大方地表達對這本書的期待，只是沒想到一等就等這麼久。遺憾的是，書中提到的有些師傅已經永遠看不到這本書了。我盡己之力，期望能將他們的人生寫成一個動人的故事，不知道他們是否滿意？

謝謝所有鞭策我靜心寫作的朋友，尤其是同樣面臨嚴重難產的涂曉蝶，你總是比我更努力更堅定，有你的激勵，我才能持續完成這本著作，很開心我們能一起完成各自的作品。感謝在我寫作這段期間從男友變為丈夫的陳先生，你偶一為之的詢問與關心都會讓我無比心虛，並成為我繼續寫作的動力。

謝謝我的編輯晏甄，雖然我沒有待過出版業，但我知道肯定沒有一位編輯願意讓一個名不見經傳的素人拖這麼久的書稿還始終不離不棄。晏甄的溫言、包容與鼓勵，成為我一直堅持到今天的最大動力之一，很榮幸能得你慧眼，希望你喜歡我們一起堅持下來的這個作品。

最後要謝謝我的家人，我的父母親在前半生刻苦勤儉地把孩子養育長大，到了後半生都要退休了，還要幫孩子寫論文、出書，他們對我的出書進度毫不聞問，似乎這本書有沒有成功出版對他們來說無關緊要，但對於我寫作期間提出的問題與要求，卻總是有求必達、有問必應，他們扶養這樣一個親寶，簡直虧大了；而我的弟弟則是在過程中默默支持我，並且不知道他在書中被我爆了許多料，希望他看了之後不要記仇。

為了回應我身邊家人、朋友、編輯、師長們寬大的包容心，為了他們毫無保留地將他們平淡又精彩的人生故事化為我的成長土壤以及這本書的厚實背景，我努力完成了這本書。

我的父親、我的家庭以及這群港都黑手師傅的故事，並沒有引人注目的精彩成功，也沒有充滿傳奇色彩的曲折離奇，他們的故事就如同你我、以及可能出現在我們身邊的任何人一樣，也許平凡無奇、普普通通，但就是這一雙雙平凡的手、一個個普通的生命，為台灣鋪就了經濟成長之路的磚瓦。

1 烏手（oo-tshiú），常見使用「黑手」做為文字表記，在本書中，中文語境下依然會使用「黑手」，而在台語對話語境下則會標示為正確的台語文用字「烏手」。

2 抾捔（khioh-kák），原義為「撿起來丟掉」，時常延伸來形容一個人沒有出息。

3 拖車（thua-tshia），中文名稱應是聯結車，拖車是台語說法，並成為俗稱。

4 輾轉（liàn-tńg），形容能流利地使用某種語言，常見的誤用字是「輪轉」。

溫室裡的工人之女

坐在副駕駛座，看著雨刷規律地擺動，車外的傾盆大雨將車內隔成一個靜謐的空間，車上廣播正在播放江蕙的「落雨聲（Lo̍h-hōo-siann）」，一時令我眼眶泛紅。為了掩飾失控湧上的眼淚，我藉著一台高屏斗[1]掠過車旁的時機出聲詢問：「那個好像也被叫做高屏斗耶，你知道為什麼嗎？」

父親在駕駛座穩穩地操作著方向盤，瞥了一眼回答：「不就是砂石斗仔（sua-tsio̍h-táu-á）嗎？有人叫它高屏斗喔？我是沒聽過啦，你哪裡聽到的？」

「網路上查到的。」

「網路說的喔，我沒聽過吶。」對話終止，車內又是一陣靜默。

在這被雨聲與廣播聲充滿的空間，是我第一次感到自己與父親這麼靠近，雖然車上對話不多，但我們的目的地是我二十餘年成長過程中幾乎沒見過的，父親的職場，是他為了生存與一家生計，長久以來拿著榔頭、獨自一人戰鬥的世界。

那時的我就讀於清華大學社會學研究所，為了碩士畢業證書正在寫論文。一路念教科書上來的我，對於實際社會的體驗、觀察，簡直乏善可陳，要找個足以反覆討論、成就數萬字論文的題材，一度成為我人生最大的難題。

然而此時，我身為工人之女的身分卻意想不到發揮出優勢。社會學研究中有個極富傳統的研究領域就是勞動研究，無論是從歷史面、經濟面或從制度面切入的研究，都能幫助我們更加理解勞工的工作環境與處境。不管是藍領、白領，勞動人口占了八〇%的台灣社會，我們對於許多產業的型態樣貌、歷史沿革都有賴勞動研究者的投入才得以理解。

自工業化以來，加工出口區、計劃經濟、蓬勃的中小企業都是台灣勞工研究的重要題材。對台灣社會學研究領域來說永遠都是重要議題的勞動者，就成了我論文題目的寶庫。

工人之女的階級鈍感

我出生在高雄市小港區，日常生活總是伴隨著巨大的飛機噪音，以及聯結車經過門口時引發的震動與揚起的沙塵，加上住家附近的公車班次與數量都少，因此大型聯結車對我來說，就是出現頻率與公車相近的車種，從小走在路上，我對於從身旁經過的聯結車總是習以為常。直到上了大學，同學將我用力拉離呼嘯而過的聯結車時，我才知道原來身旁時常有聯結車經過，並不是這麼稀鬆平常的事。

我的父親是一名拖車師傅，他的工作是製造與維修拖板車，也就是人們所稱的黑手。

我出生的環境與父親息息相關，我們家居住地的考量，也是為了父親上班工作方便而選擇在工業區附近。也因此，我無論是國小走路、國中騎腳踏車、高中被父親用摩托車載著跨區上課，這些砂石車工作服的景色，就是我通學路上最平常不過的風景。我從來不清楚父親具體的工作內容，只隱約知道這些從小常見的聯結車、砂石車等工業用車，是父親「做」的。

我的父母都來自農村家庭，他們小時候的生活並不富裕，也因此，我的家庭生活受到兩人的影響，顯得簡單樸實。

我的雙親都不菸不酒不賭，家中的日常生活用品大多價格低廉、實用取向；我們的家庭出遊不太會選擇需要付入場券門票的地點，自己開車出門是唯一的交通選項；百分之九十五以上的用餐時間是吃家裡自己煮的東西；每天都要吃米飯；早上六點前起床、晚上十點前就寢；而對於水、電的節省是根深蒂固的、近乎執著的生活習慣。

小時候的我，除了成績，從來不懂得跟別人比較什麼，也許是因為同學之間的成長背景差異並不大，而幸運地，我的家庭生活雖然勤儉樸實，卻從未物質匱乏，所以一直到國中，我清楚感受到自己與同學的差異，只有別的同學懂得去買五月天的正版CD，而我則是向同學借回家用卡式錄音機轉錄，如此而已。

高中時期我離開小港區，到高雄精華地段的苓雅區就學後，才開始感受到自己在生活與消費上的習慣，與其他同學有著明顯差異。第一次跟同學走進氣氛很好的簡餐店時，我對於花一百元以上吃一餐的行為暗自心驚。而對於文化活動的消息，也總是遲鈍又陌生，我與同學家庭背景之間的差異開始浮現。

上了大學，接觸社會學之後，「階級」這個詞彙串起了我成長過程中每個從未特別注意過的細節，向我「證實」自己其實是個工人子弟，而父母親在我從小到大許多時刻刻意強調或抹消「工人家庭」痕跡的行動，也一一浮現。

回想小時候，家裡雖然在零食、娛樂行為上嚴格限制預算，但父母卻從未拒絕我任何買書的要求。我的父母親都是國中畢業，對於我在課業上的學習，他們能提供的直接協助有限，但對於一個孩子應有的理想才藝或對未來學習有幫助的課程，我也一個不漏的都學過，鋼琴、芭蕾、畫畫、珠算、英文班，雖然因為家裡只有我在學，沒有氛圍也沒有動力，所以從來沒有一項可以稱得上學習有成，但不管我是不是真的有興趣學習，他們在孩子的才藝、課後補習上從沒有吝嗇過，在我拒絕上課時，也嚴厲教訓過我。

我對於「階級差異」的鈍感，絕對不是偶然或巧合，因為成長過程中，我在物質生活上與同儕沒有顯著差異，在校成績更是從未感受到先天的不足。我的父母一直以來努力傾盡自己的資源，為孩子補足文化資本，這點是可以肯定的。

從小對於階級差異幾乎沒有察覺的我，大學開始接觸社會學，第一堂課就帶給我莫大的震撼。我所出身的家庭背景「工人」，成為一個專有名詞，有完整的定義、有判斷的標準、有統計數字、有眾多與氣質、慣習、行為與特性的分類研究，也有在總人數中所占的比例別。「工人」一詞從父親職業欄的答案變成實感的、代表著自己的、與其他人不一樣的人群分類。

到了研究所，我為了撰寫論文重新回顧自己的成長經歷才發現，「工人階級」之所以沒有成為顯著影響我的因素，是因為我的父母從來不曾將工人身分視為我們一家人的出身背景，而是將父親的工人身分視為對比的借鏡，在我的成長過程中成為一種被諄諄告誡為不能複製的他者。

從小到大，我對於父親的工作內容、他的同事、他在工作中遭遇的挑戰與挫折，一概不知，只能從他衣服身上的破洞、偶爾被媽媽開玩笑說「重聽」的耳朵聽力、以及越來越難負荷高強度運動的膝蓋等跡象，來認識父親為了在這個行業立足、為了養家活口所付出的代價。

這些模糊的線索一直到我就讀研究所不得不寫論文，才有機會認真面對，並且開始拼湊父親與他的工作圖像。

也許世界上有很多事情都是如此，談起最初的動機或原因，都現實的令人不忍直視，但不能否認的是，這個現實的理由引導我開啟生命中最珍貴的一段時光。

田野現場的焦慮、愧疚與領悟

回到副駕駛座上的我，心情是自田野訪談工作以來最忐忑的時候。剛開始研究時，我帶點狂妄的志向，希望自己的研究能夠揭發這些師傅勞動現場的辛苦與不平，並藉著這些師傅的生命經驗與職業生涯，來批判學歷至上的心態與技術教育的盲點。但隨著訪談與接觸的師傅逐漸增加，那濃縮在一至兩小時交談中所觸及的數十年生命菁華，讓我不得不檢討自己的無端自大。

觀察與描寫工作現場，在我的研究中是舉足輕重的環節，因此我免不了現場的蹲點工作。通常我都是拿著相機，一邊避開地上堆放的工具、機械零件、鋼材與四散的火星，一邊觀察師傅們的動作並拍照。有時候甚至不知道自己要看什麼，就只是蹲在師傅身邊，任憑切割鋼材的巨大聲響與賣藥電台的天花亂墜帶著自己的思緒載浮載沉。

因為不能打擾師傅的工作時間，我的訪談通常都是在他們吃飯、睡午覺的一個小時間進行，每次只針對一個人訪談。

在炎熱的夏天，我與受訪師傅避開其他在地上鋪著紙箱或自備涼椅準備午睡的師傅，尋覓工廠角落的電扇附近坐下，用著不大的音量對談。此時工廠靜謐的只會有工業電扇運轉的聲音，直到有人再度打開收音機，用賣藥電台的聲音宣告短暫的午休時間結束。

每次聽到賣藥電台再度響起的聲音，看到眼前受訪的師傅伸伸懶腰、準備工作的樣子，就忍不住為自己又剝奪了他們的休息時間而感到愧疚。

師傅們對於我這個「只拿得動筆」的研究生可謂款待有加，不僅有問必答，在工作現場也處處顧慮我，擔心我的安全。要不是我偶爾還有幫忙找工具的功能，在工作現場的我，就是個一無是處的大型障礙物，讓我不禁質疑自己研究的意義。

某次田野觀察，我照例蹲在一台製作中的平板車台下方，斷斷續續地思考論文的構成與需要的素材，當時工廠有一對聾啞夫婦，兩人在工廠中主要是合力製作平板車台。這對夫婦的丈夫拿著兩個空著的線圈紙捲互相拍了拍，敲掉上面的灰塵，放在地上並友善地對我笑著，示意我可以坐在那上面。

那一刻我簡直無地自容，越是受到受訪者友善的對待，就越是焦急掙扎，總是希望自己可以做出一個有意義的、不負這些師傅善意的研究。不過，這樣的想法越是強烈，就越容易在膠著時陷入低潮的迴圈。

那之後好一陣子，我一想到要前往田野地，就忍不住產生抗拒心理，尤其是前一天晚上，我的情緒總是會鬱鬱沉沉、沒來由地想哭。

訪談時得到的答案似乎不能帶給自己更多的收穫，日復一日的現場觀察也找不到新的發現、無法讓論文的問題意識有所突破。在這樣的狀況下，研究者很容易產生壓力與焦慮，尤其當自己在田野現場只是一味接受好意、完全沒有貢獻時，就越是焦慮。

這樣的狀況持續了好一段時間，直到某天看著師傅說起自己孩子時那無奈又和藹的笑容，我突然領悟這些師傅以自己的生命鍛鍊出一身技術，並讓自己在工廠獲得一席之地，他們並不需要我透過論文來替他們發聲鳴不平。

雖然他們的工作很辛苦、環境滿是髒污，雖然他們並不認為自己的工作是值得孩子繼承的好工作，但在談起自己的技術、工作經歷、工作狀況時，他們卻總是充滿驕傲與自豪。

那以時間打磨的工作知識、手藝與皺紋，一同銘刻在他們的身體當中，成為這群師傅最傲人的無形財產。無論是他們的工作還是人生，都不是從未離開過學院、腦袋裡只裝了幾本理論的我，可以置喙的。

對於這群只專注在眼前工作的師傅來說，我的論文完成與否根本無關緊要，認清這一點對我心態的調整至關重大，論文的方向也從原本設定尖銳的批判性變成人類學民族誌性質的觀察紀錄。我也轉而以「重新認識自己的出身背景」來看待這個研究。

透過研究者的眼光、透過女兒的眼光，我認識了父親這數十年來用以養活一家子的唯一武器；也從師傅們的工作態度、生命態度中學習並自省。

出乎意料的，無關社會貢獻，也無關學術重要性，碩士論文成為我給自己二十餘年讀書生涯中最棒的一份贈禮。

直到我也成爲勞工：跨世代的勞動者對話

我從大學到碩士，一路上累積了不算差的學歷，但畢業後在勞動市場卻處處感到技能不足，履歷書上除了學歷之外，一片空白，連興趣欄都要猶豫好一陣子。

我循著標準的升學管道一步步走出學院，沒有所謂「走岔路」或表現不佳之處，就算在學院中不算頂尖，也不曾缺少稱讚，但在拿著畢業證書踏出學校大門那一刻，卻彷彿兩手空空地被推上一艘小船，連帆槳都不知道怎麼操作，就隨風出海。

親身經歷工作與職場之後，現在的我，更能清晰感受到以學歷至上的價值來評價各類型的工作有多不公平，此時再回顧自己的論文，更是別有一番體會，也激發更多反省。

技術的價值為什麼在社會觀感上，總是不如學歷的價值？當人們認為拿到好學歷是為了取得好工作時，學歷真的可以幫助我們做到這件事嗎？讀書真的是唯一的道路嗎？而技術工真的就如印象中的不堪嗎？

我畢業後求職的體會，成為重新詮釋這份研究、進而深化相關思考的契機，而這些反思也將呈現於本書當中。

以港都拖車師傅的故事為背景，我本意並不在於批評技術或是教育制度，也無意批判大眾對於兩者評價的差異與偏頗。在這些師傅身上，我看到他們對於技術的信任，以及擁有技術能為他們的職場生涯帶來多大的自信與安全感，而他們面對工作時的豁然達觀、質樸的堅定，至今回想起來，仍讓我深受撼動。

從小在父母辛勞工作所建成的溫室中長大的我，從開始接觸這群師傅直到畢業就職，這段時間與師傅們、與工作、與勞動市場的接觸，帶給我彌足珍貴的一場跨世代對話與反省。

出生於文憑時代的我們，不懂重工業發達起飛當時追求技術的父母輩對於工作的想像，靠著一身技術一步一腳印打拚出一片天的父母輩，不懂我們兩手空空走出校園時的無措與茫然。我希望，這本書能同時為這兩群人，建立相互理解的橋樑，並重新反省自己對於工作的想像。

1 高屏斗就是一般的散裝貨運斗，因為常用在高屏地區載運散裝的農產品或砂石，所以也有人稱為高屏斗，本書第五頁編號07之車型，即為高屏斗。

第一章

活絡台灣經濟的紅血球

01 我的高雄市小港區

我高中考上的學校，從我家過去大約需要四、五十分鐘的機車車程。因為距離遙遠，為了不花費太多時間在交通上，大多由父親騎摩托車載我上學。

早自習的時間是七點半，我通常六點四十五分就得出門，父親總是先載我穿越小港機場旁邊長長的中山路，再轉向凱旋路抵達我就讀的高中，接著再折回位於前鎮區或小港區的工廠，開始他一天的工作。

中山路是貫穿舊高雄市從邊陲到市中心的重要道路，我們家位於小港區的邊緣，地處舊高雄市的南邊，上學必經的中山四路與中山三路，向北會完整穿過高雄最重要的兩大工業區——前鎮區與小港區，然後再進入商業氣息較為濃厚的三多商圈，並在中山二路前轉進凱旋路。

每一天，父親都風雨無阻地載我上學，偶爾因為工作的關係不能接送，便由母親代勞。就這樣維持了三年，中間也伴隨著各式各樣的小意外與大車禍。

長長的車程，坐在後座的我，通常都無事可做，發呆或觀察路上擦身而過的人群，於是成為我打發時間的習慣。

我記得路上的摩托車一直都很多，無論天氣好壞，也不論春夏秋冬，都能看見許許多多的機車騎士呼嘯而過。不管無袖上衣搭配拖鞋短褲，或是全副武裝的長袖長褲再加上防曬手套，大概因為背景是十四線道寬的中山路，高雄人騎車奔馳的樣子，總是有種寫意的瀟灑感。

早上六、七點出現在中山路的騎士，大多穿著藍色牛仔布上衣、深色的牛仔布長褲，加上厚底厚質的工作皮靴。不管酷夏寒冬，這身穿著都不會改變，就像沾在他們衣物上那些再也洗不掉的黑色油漬一樣。

這些騎士的穿著標誌著高雄市前鎮、小港區的特色——這裡是各類輕、重工業的集散地，匯聚著眾多的藍領勞工。他們每天早上都騎著機車奔向工廠，而我父親也是奔馳其中的一位。

藍領勞工的聚集地

高雄前鎮和小港一帶，有著明顯的空間特色——占地廣大的整齊房舍，以及縱橫劃一的街道。父親騎車路過的長長圍牆裡面，除了有小港機場之外，還有許多在工業發展時期所規劃的重工業廠房。

如果試著與我上學的路徑反向而去，從高樓林立的市中心沿著中山一路往小港方向前行，很明顯可以發現，路邊的大片圍牆漸多，裡面是占地一五六〇公頃的高雄臨海工業區，光是這個工業區，就有四百九十餘家工廠，從業者約四萬人。

這片工業區包含著許多對台灣經濟發展舉足輕重的大型工廠：台糖、中鋼、唐榮鐵工廠、台船、中油等等，還有已經結束營業但對產業影響巨大的高雄硫酸錏公司，以及在此地發展數十年的各種化學工廠，更別提這一區還有以輕工業為主的前鎮加工出口區，它曾經吸引許多女工前來就業，締造了台灣經濟奇蹟。

高雄在政府有意發展下，變成台灣的重工業中心，這也代表此處的交通必須四通八達。小港便聚集了陸、海、空重要的交通管道：台灣第二座國際機場落腳於此；小港區的外圍有數個專供中船、中鋼、中油使用的港口；機場不遠處更有一塊占地廣大俗稱「台糖停車場」的貨櫃停放地。為了進出口量身訂做的各種交通管道，給予這裡的重工業聯內對外的絕佳環境。

然而針對工業的交通再如何發達，針對居民的民生交通，卻不算便利。不知道是這裡的人口職業組成大部分都是第二級產業工作者，性格上習慣出門時間、交通時間全部由自己掌控的實用主義使然，還是這裡的環境尚不足以發展更便捷的大眾運輸。儘管小港區的人口不斷成長，卻仍只有一個捷運站，從我家所在的大坪頂地區到捷運小港站，都還需要十分鐘的摩托車程，而公車無論是路線還是班次，都少得可憐。在這個區域，大眾運輸並不是人們出門的最佳選項。

工業發展總是伴隨著代價，小港區因為輕重工業、化工業聚集，空氣品質老是不佳。但我從小在當地長大並沒有特別的感覺，直到大學到別的縣市就讀，畢業後又往更北邊的城市就業，在別的縣市待久了，偶爾放長假回到高雄，出了小港捷運站，我往往要先打幾個大噴嚏，才能適應。

這一帶的建築，外觀樸素，除了小型市鎮聚集的地方之外，少有高樓，大部分的住宅都還是獨棟建築。這裡的人習慣住一整棟的房子，尤其在大坪頂這種新規劃的住宅區，新的建案也大多打著「青山綠水、陽光別墅」的廣告，房子若不是獨棟的，就沒人要買。儘管這裡過去是鳳梨田與亂葬岡，加上周邊就有垃圾焚化爐與工業區，偶爾路過還會聞到化學性的怪味，山既不明，水也不秀，空氣還不太好，但房子仍是一棟棟地興建，人口也不斷增加。

從高松到大坪頂

我住在高雄十八年，曾經搬過一次家。出生時的住家，位在小港區與鳳山區交界附近的高松。這一帶在外婆年輕時，是剛剛規劃好的住宅區，有著大批規格相似的三層樓獨棟住宅。當年外婆存到一筆購屋款之後，便透過報紙廣告得知這個新住宅區。

大概是因為這一區的屋價相對便宜，當年外婆和母親兩人騎著腳踏車，循著我高中上學必經的中山路，從位在前鎮區的獅甲租屋處，一路向南來到小港區看房，並且買下這裡的房子。媽媽結婚後則以她年輕工作存下的積蓄支付頭期款，在距離外婆家不遠的地方購屋，為彼此留下方便互相照應的距離。

這一區是機場飛機起降的必經路徑，在屋內常常能聽見飛機的聲音轟然從頭上經過，不知是不是因為從小就習慣這種聲音，竟然也不曾感到干擾。

搬遷到大坪頂的這個住家，是我高三準備升大學的事。那時候捷運尚未開通，我有點無法理解為何父親決定在這裡買房子，想不通有什麼理由要搬往環境較差、機能不便的山上？更別說我從小就對這裡的亂葬崗印象深刻，大坪頂的荒煙蔓草還在我心裡留下陰影。

然而父親拍板定案，我們無力回天。不知道是不是感受到我的不滿，分配房間時，父母把整個三樓都給我，有一個房間、一間書房、一間浴室，同一層樓還有一個儲藏間，我一個人獨享十六坪的廣大空間。雖然要爬的樓梯比較多，但這麼尊榮的待遇，讓我馬上就被收買。

現在回頭思考，父親往更偏遠、交通更不便的大坪頂搬遷，理由大概跟外婆不謀而合。新規劃的住宅區為了吸引住客，往往有更好的居住條件與相對優惠的價格，就算有點不方便，但對資源有限的父親或年輕時的外婆來說，似乎也構不成比價格更大的障礙。即便這樣一來，我和弟弟高中的上學路途會更加遙遠，但父母親仍然決定以親自接送來彌補交通的不便。

我想這就是父親與他們那一輩人勞動精神的展現，他們總是習慣以身體勞動換取金錢，而金錢換不來的，就用勞動來補足。

這樣特質的人占了這區居民的絕大部分，所以無論這一帶工業區再如何飄散異味，再怎麼排放可疑的黑煙，人們也只是選擇在騎車經過時，憋著呼吸、催緊油門加速經過，從沒見過有人去陳情或抗議。

小港區的居民這幾十年來就是以此為生活支柱，與這些輕重工業共存共生。而民國五、六〇年代台灣的經濟起飛，就由這麼一個占地廣大卻毫不起眼的地方，以及住在這裡的質樸老實人，撐起了半邊天。

小港區日漸快轉的齒輪

小港區開發的速度很慢，比起每次造訪就變得不一樣的竹北、台中、台北，小港新建案增加的速度緩慢地讓人感到友善，而許多城市風行的「文青時尚」店鋪，在小港也是屈指可數。

對於小港人來說，漂亮的店內裝潢與擺盤，就是不比有著大塊滷肉的便當店吸引人，就連路邊不知道是吃滷肉飯、還是吃風砂的小攤位，在小港都可以一年一年地延續下去，成為當地人習以為常的風景。

我曾經以為高掛在小港區上空的時間齒輪，會永遠悠然緩慢地轉動，但近十年來，它卻逐漸加速前進。高雄市與高雄縣合併為直轄市之後，小港區不再是高雄市的邊陲，大坪頂做為新規劃住宅區的知名度也漸漸增長，小港醫院周邊更開始出現具有管理員的電梯大樓，而不斷更新的店面樣貌，也呼應了這個變化。

我有一位從國小就要好的朋友，他家跟我們家都在大坪頂，他大學時去到台中求學，畢業之後又循著自己的專業到屏東的台糖工作，我們放長假回到老家約見面時，常常煩惱要約在哪一家店。

離開出生地到外地求學、就業的這段時間，我們所習慣的店面裝潢風格和食物精緻度，無論如何都與老家周邊店鋪的風格不一樣。但近兩、三年，連鎖咖啡店逐步進駐我們的老家，而挑戰農業、工業人「早餐就是早餐、午餐就是午餐」飲食習慣的「早午餐」店家，也漸漸增加。

不只店鋪漸漸變得不同，曾經習慣的風景也逐步消失。過去，我和弟弟生病感冒，都會到桂林的一家小兒科診所看病，當我們要往返那間診所，或是要到那附近的補習班，都會選擇一條距離機場很近、兩邊都是農田的道路。農田的邊緣接著機場的圍牆，圍牆裡頭就是飛機起降的跑道，時間如果抓得好，就可以循著幾乎能引發短暫耳鳴的巨大引擎聲，看到飛機從自己的頭頂飛過。

我一直很喜歡那一區的稻田，插秧季節的翠綠，結穗季節的金黃，加上空曠的環境讓那邊總是有著陣陣的微風。那裡因為道路窄小，少有汽車經過，無論騎摩托車或騎腳踏車，都令人感到愜意。唯一的缺點就是稻田的盡頭有一處豬圈與兩、三家小型拆車工廠，使得那附近總是散發著豬圈味。

那一帶的稻田是剛開始識人認物的我，與「農村生活」最接近的距離，關於種稻、關於養豬，關於父母親小時候所經歷的農村生活故事，很多都是在我們家路過那一帶時，一點一滴聽說的。

大概是因為與飛機的航行路線重疊，礙於航空安全法規不能蓋高樓，土地使用也受到限制，因此這一帶的發展較為緩慢。從我小時候一直到高中，這裡的樣貌都差不多，沒什麼變化。

不過，儘管這一區有著先天條件上的限制，卻也在我離開高雄的這幾年有了不同。原本兩、三家相連的小型拆車工廠變成一大間便利商店，附近的農田和常常需要訓練閉氣才能經過的豬圈，也都消失無蹤了。

無聲支撐起台灣經濟的螺絲釘

長時間保持著農業、工業地景兼具的前鎮、小港兩區，是台灣輕重工業的關鍵地區。農業與輕重工業交織而成的環境，還有此地居民的性格，共同塑造了現在的我。以前或許有過抱怨，現在想起來卻是如此樸素可愛。

高雄市做為台灣第二大都市，以重工業起家，輕重工業的血液貫透整個高雄市，搭配鮮明的海港形象，讓高雄市三個字從字面上就有了生猛活力的形象，跟台灣其他縣市相比，也獨具一格。

在鼎盛時期曾經排名世界第三、現今則為世界前十七大貨櫃港口的高雄港[1]，不難想像圍繞她而建立的重工業如何帶動並形塑港都的產業樣貌，從中也塑造出與眾不同的勞動者工作型態。這些無聲支撐起台灣經濟的螺絲釘，他們的生命軌跡隨著台灣工業的衰退而漸漸隱沒在歷史的舞台底下，不僅如此，如同血液般輸送台灣經濟發展養分的運輸業，也罕受重視。

在工業發展過程中，重工業運輸是不可或缺的關鍵之鑰，而港都的絕佳位置則孕育了拖車產業的發展，各種型態的拖車南來北往載運貨物，如同身體裡往復輸送氧氣的紅血球，而這群在港都的拖車工人，則用他們的雙手打造出一台台活絡台灣經濟發展的交通載具。

在打造拖車的雙手背後，是一個個隨處可見、甚至我們習以為常的工人。他們的遷徙、工作及生命史，都與台灣重工業發展緊密相連。

這本書是以我父親為主角，以他的工作與家庭為背景，描繪一群港都拖車師傅的工作史與生命史，在進入我父親與他同事的生命故事之前，讓我們先來認識拖車與拖車產業在高雄的發展。

1 根據中國科學院預測科學研究中心的「二〇二一年全球Top20貨櫃港口預測報告」。

關於拖車的二三事

／02

「拖車（thua-tshia）」一詞，是拖車產業從業者對他們產品的俗稱，在台灣，官方使用的正式名稱為「聯結車」。

聯結車顧名思義，是將不同部分用關節「聯結」起來所組合而成的車子，一般都用於搬運重型機具、材料或大量物件，是重工業不可或缺的交通工具。

聯結車，用交通安全教科書的語言來說，是由「曳引車」或「汽車」加上「重型拖車」所組成，在大分類上，又可分為「全聯結車」與「半聯結車」兩種。

「曳引車」與「汽車」，在師傅們的稱呼中，都叫做「車頭（tshia-thâu）」，它具有駕駛艙與引擎，是提供整輛拖車動力的核心，兩者的差別在於前者有第三軸的輪胎，後者沒有。

在台灣，因為本土沒有動力引擎的製造能力，所以車頭都由海外進口。我們在路上常見的有日本製的三菱、鈴木、明治，或是德國製的賓士、Volvo等廠牌。

車頭本身的車體相當巨大，為了節省成本，也發展出不同的進口模式。比較常見的有兩種，一種是整台完成的車頭包含內裝，直接原裝進口；另一種則是只進口兩隻台語俗稱「車道（tshia-tō）」的汽車軸心與一台引擎，然後再由台灣工廠製造「車厝仔（tshia-tshù-á）」（指車體的外骨骼等鈑金部分），並且安裝其他內裝。

全拖車與半拖車

根據聯結機構的不同，拖車大致分為「半拖車」與「全拖車」兩種。「半拖車」只有後輪，前端以支架支撐，使用時，前端的支架是掛在汽車的後端上，離開車頭時，則是依靠支架與後輪立在地面上。「全拖車」則是前後都有輪子，使用時，前端附掛在曳引車第三軸車輪之後。

全拖車的車頭較長，可以獨立載貨，後面拖車的部分，雖然一樣也可以拆卸、更換，但是總長度會比半拖車要短一些，也無法在後面多增加車體。相對的，半拖車的車頭，除了「車厝仔」之外，只有短短的連結軸，無法獨立載貨，附掛的半拖車本身並沒有前輪，行走時完全依賴車頭的拉力。

在師傅們的語境中，曳引車加全拖車總稱為「全拖（tsuân thua）」，汽車加半拖車總稱為「半拖（puànn thua）」。如果要區別「曳引車」與「汽車」，則是用「曳引車」和「一般的車頭」或是「半拖的車頭」來稱呼。

全拖車與半拖車都能有六輪、十輪的規格，總長度都不能超過台灣交通法規的五十呎限制，兩者的載貨量都可達四十六噸。雖然有公定長度限制，但如有特殊需求，像是車子或車上所載貨物的規格超長、超寬或超重的話，則需要另外申請臨時通行證，才能合法行駛在公路上。不過許多大型工廠內部，為了廠內運貨的效率，有時候也可以看見一次接上好幾節車台的狀況。

我們還可以透過轉彎時的活動機

全拖車（曳引車加全拖車）

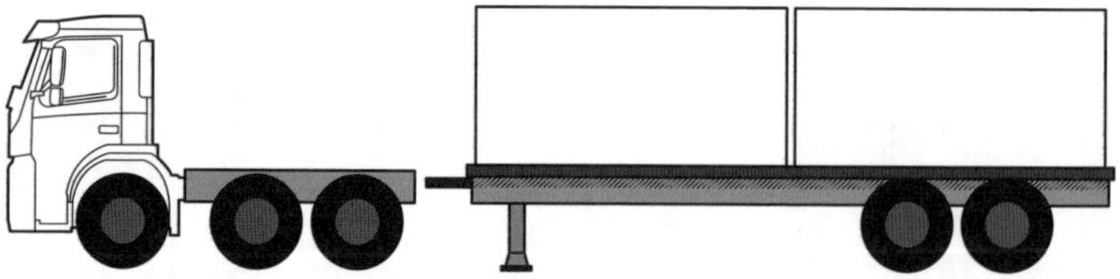

半拖車（汽車加半拖車）

制來區分全拖車與半拖車，全拖車轉彎時，是曳引車與後面車台之間的聯結機關在活動，而半拖車則是車頭上與車台聯結之處做成可活動的轉盤，以此轉盤來完成轉彎。

車體的部分因為不需要精密的引擎製造技術，加上重量重、體積龐大，所以比起進口，在本土製造的成本會比較低廉。我筆下的這群港都拖車師傅，就是負責製造、維修這些車體的人。

拖車按照基本型態，可以簡單分成上面兩類，但根據載貨類型、附加功能的不同，拖車的變化其實相當多樣。曳引車車道以上的構造以及被拖曳的車體部分，都是由黑手師傅手工打造的，搭配各類型的圖片來看，就可以更清楚區別師傅們的工作內容。

客製化的手工藝

從本書開頭展示的拖車圖鑑中（頁四至七），我們可以看見，大部分的車型都是以功能、形式做為分類標準。同一形式的車體會根據買主的需求而使用在不同的地方，如傾卸式穀物斗，既可能用於裝載廢水、污泥、砂石，也可能用來裝運農產品，而它最軸心的功能，就是可以透過油壓抬舉，製造傾斜角度，方便傾卸貨物。

但就算是一樣的車型，師傅也會根據車主不同的使用需求，而在細節上加入不同設計。例如車主訂購的傾卸斗若主要用於載運廢水污泥，師傅就會加強車斗邊縫的密封程度，若是用來載運玉米或砂石，師傅的施工細節也會有所不同。換言之，拖車製造是一種根據客戶需求而能微幅調整車台、車體設計的客製化產業。

要特別說明的是，部分具有附加功能的車體或零件，如油罐車的油罐、混凝土攪拌車的攪拌桶、氣罐車的氣罐、貨櫃車的貨櫃、抓斗的機械手臂、傾卸式車體的油壓伸縮桿等等，是跟專門的製造廠購買，並由師傅組裝在車體上，並非由師傅手工製造。

此外，還有一些是針對特定的工廠訂單另行製造的車型，這些車型有些是可以上路、符合交通安全規範、經過檢驗合格的車輛（如專為中油設計的特殊油罐車），而另有一些只供工廠在廠內使用，這些車型不必考慮太多交通安全規範，通常都完全依照工廠需求而製造。例如父親就曾經在某家工廠接受中鋼的大量訂單，希望能為他們製造一次可以拖運多個鋼圈的鋼圈板半拖車。

一般狀況下，由於交通規範之總載重限制，一台鋼圈板幾乎只能載運一個鋼圈，超過即為超載。而中鋼提出的車型，是為了提升廠內的運輸效率而來，一次可以搭載兩個以上鋼圈，像這樣在交通規範標準之外的車型，雖不屬於常態性的產品，但也在拖車製造業的業務範圍之內。

拖車是聯結型工程用車的總稱，事實上，拖車會隨著使用需求的不同而產生各種車種，在功能差異之外，還會隨著每家公司、使用環境的需求而有更多細微的變化。為了彈性因應這些變化，拖車產業至今都是由師傅們手工打造，成為一門獨特的「手工藝」。

03 台灣拖車產業的興衰

台灣拖車業的發展，與台灣出口業及工業發展息息相關，最早更可追溯至農業時期。在工業發展之前的農業時代，台灣農田之間或農地到市場之間的農貨運輸，絕大部分都依賴拼裝車。

直到民國五、六〇年代經濟起飛，台灣內需的重工業不斷發展，各港口的貨運吞吐量也一口氣成長，不僅由港口到台灣各地中小企業之間的運輸需求急速增加，從材料生產工廠到各種工事現場之間的貨物與原料運輸的需求也不斷增加。在這些強烈的需求之下，台灣才終於從日本引進了第一台曳引車頭。

拼裝車時代

在曳引車出現之前，台灣類似的拖車產業工廠，主要做的是拼裝車的改良。

父親在鳳山工廠當學徒的時候，一開始做的便是「鐵牛仔車（thih-gû-á-tshia）」，又稱為拼裝車。鐵牛車的概念跟拖車很像。從林崇熙[1]的研究列出的拼裝車車型與俗稱來看，黑手師傅所製造的平板仔（pênn-pán-á）[2]、斗子（táu-á）[3]等，都是從拼裝車演進而來。

拼裝車原先只是在耕耘機或摩托車本體之外加裝貨架，並隨著時間與需求的變遷，漸漸發展出四輪、五輪、六輪、八輪、十輪等規模，甚至還有「舉」的功能，這些功能與今天普遍使用的各種拖車幾乎無異。

拼裝車技術是根據民間的需求，由民間各世代鐵工匠人慢慢發展出來的。台灣政府一度為了整頓交通環境，而明令禁止生產製造，後來卻又因為民間的大量需求而撤銷禁令，改為另訂一套標準規範。學者林崇熙將此稱為「脈絡性技術」（contextual technology），意指由民間產出的技術物與國家命令相抗衡，最後反過來取得合法地位。

這種脈絡性技術的發展，大多都仰賴鐵工師傅人性化且彈性化的製造過程，師傅會針對使用者的特殊需要而設計，使得拼裝車得以符應各種不同的環境條件。

林崇熙指出，拼裝車的由來是二次大戰後，台灣資源匱乏，運輸製造業尚未成形，且無力進口外國貨車的情況下，有需求的業者集結鐵工師傅向政府標下報廢的日本軍車零件來修改。他們在資源不足的條件下，由需求激發創意，將廢棄軍車打造為拼裝車的原型。

窮則變、變則通，農業、工業的載貨運輸需求，加上運輸業者與鐵工師傅靈活的腦袋與精湛的手藝，讓台灣拼裝車技術由中南部開始發展，並且得以隨著時代演變至今。

土生土長的技術

現今台灣大型的工業運輸工具，多數都已仰賴昂貴的進口曳引車頭，不再使用摩托車或一般貨車做為動力。儘管如此，負責載貨的車身仍然是由鐵工師傅手工製造、「拼裝」在那些進口車頭後方。無論大小、容量、功能或尺寸，師傅都能依照客戶的需求變更設計，因而成就了各種不同「型號」的拼裝車。特別的是，因為每位師傅遇到的要求與製作經驗不同，因此也發展出不同的技術和產品。

林崇熙明確點出拼裝車的幾個特性：成本低廉、方便修理、能隨著環境與用途變化功能或形狀。這些特性都源於製造者與使用者之間充滿彈性的溝通過程，也仰賴製造者的技術，以及未經標準化的製造過程。

儘管昔日的拼裝車已經相當少見（並非完全沒有，仔細注意的話，台北街頭仍偶爾可見，若在農村，更是常見），但這種依環境、使用需求發展的脈絡性技術，卻靠著師徒制傳承至今。原本只是兼做拼裝車製造的鐵工師傅，漸漸發展成專門製造拖車、聯結車的拖車師傅。今天的他們，受限於交通法規，製造與設計的自由度大幅降低，但卻也不減其手工製造的技術特性：沒有標準化的工作流程，以及帶有個人特色的產品。

此外，拖車產業延續自拼裝車手工、客製、無標準製造流程的技術特性，也讓拖車產業發展出帶有地方色彩的區域性技術。

一般的交通載具，如輕型自小客車與自行車的生產，多是將零組件工廠生產的零件組裝起來，部件生產與組裝皆仰賴國際代工，生產鏈分工遍及全球。尤其在台灣更是以代工為重，這類交通載具因為市場涉及全球，從部件設計到組裝流程都必須符合國際標準，所以雖然兩項產業在台灣都有自行創新技術的足跡，但它的技術脈絡與國際間的發展仍脫離不了關係。

相對的，拖車製造雖然也是零件組裝，車頭和零件也進口自海外，但由於拖車只供應內需市場，無須迎合國際間的生產標準，且為了應付台灣各地方、各地形的需要，相較其他交通載具，它有更多的在地化設計。因此，台灣這群拖車師傅所擁有的生產技術，可以說是「土生土長」的，這也是他們的技術獨特之處。

拖車時代

拖車產業隨著台灣的經濟成長而誕生，到了民國五、六〇年代，主打輕工業加工出口的經濟政策為台灣帶來可觀的港口吞吐量，拖車產業於是隨之發展演化，拖車產業的聚落自然也跟著產業區位的變化而移動。

根據師傅們的口述，高雄的拖車工廠一開始（約民國六十三年）集中在光華路及後驛附近，地理位置較接近高雄火車站。然而隨著市中心日漸發展為商業區，拖車工廠的聚落漸漸往草衙、前鎮一帶接近碼頭的位置遷移，當時主要的需求來源，轉為碼頭運輸及拆船廠的載運需求。

中鋼等重工業工廠建成之後，對拖車產業產生了大量的需求，加上小港有一大片的台糖空地，可規劃為停放大型貨櫃的停車場，拖車的製造與修理工廠，也漸漸隨之遷移至小港，形成今天的產業聚落。現在無論是港都的重工業聚落或是拖車產業聚落，皆聚集於小港一帶。這樣的遷移路徑證明了拖車產業是隨著工業及運輸需求而發展與移動的。

眼光放至全台灣來看，由於台灣的拖車產業沒有獨立的統計分類，所以要找到準確無誤的產業分布統計資訊並不容易，我只能透過師傅的口述經驗和部分網路資料來推斷出大致的拖車產業聚落。

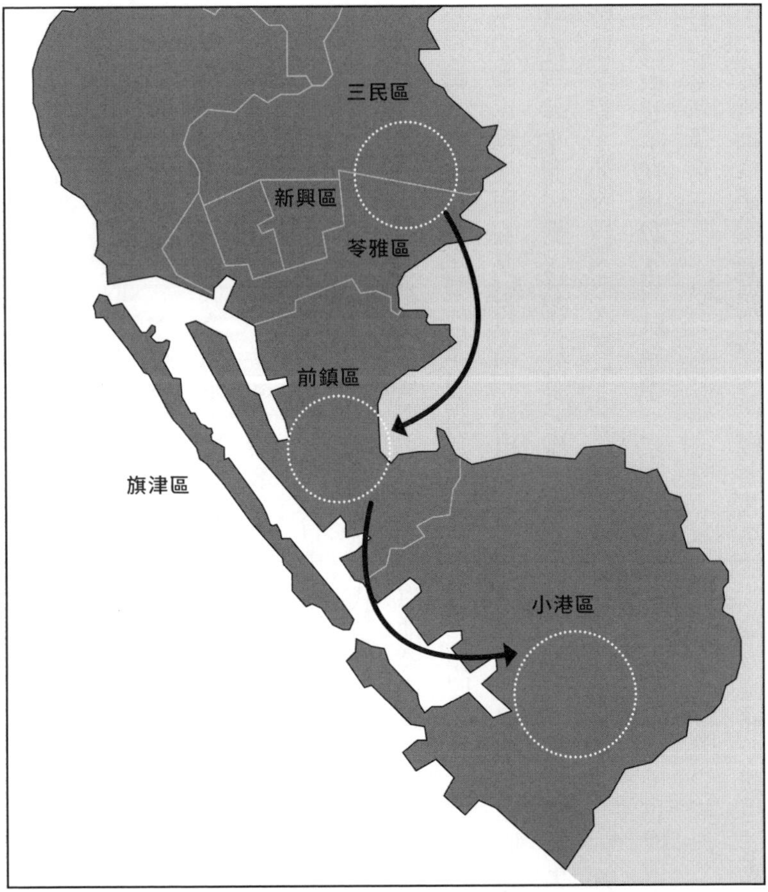

高雄拖車產業遷移軌跡　根據師傅們的口述，高雄的拖車工廠一開始（約民國六十三年）集中在光華路及後驛附近，地理位置較接近火車站。隨著市中心的發展，拖車工廠聚落漸漸往草衙、前鎮一帶接近碼頭的位置遷移。中鋼等重工廠建成後，拖車的製造與修理的工廠，漸漸遷移至小港。而現在，拖車產業又從前鎮、小港一帶往更南的林邊移動了。

比如說祥仔師傅過去就曾經被雲林北港的拖車工廠叫去當技術指導，他在那裡做了兩年的拖車。由此可知，雲林或許比高雄起步晚，但也發展出拖車聚落。我父親也曾說過花蓮的車斗因地形的關係，所以發展出與其他縣市不同的形式。

在網路資料部分，透過「台灣黃頁」以拖車為關鍵字搜尋有加入會員的企業店家，可以發現二十餘筆結果，排除專門從事工業的運輸業者及單純做轉手買賣的業者後，共有十餘筆。在這十餘筆資料中，登記的地址來自以下地方：新北汐止、桃園楊梅、新竹竹北、苗栗竹南、台中烏日、彰化鹿港、彰化市、嘉義太保、高雄小港、花蓮吉安，雖然這些資料並無法代表整個拖車產業在台灣各地的分布狀況，但大致可以觀察出拖車產業聚集在近海地區或是公路運輸樞紐的特質，而得以再次驗證拖車產業依憑海陸空運輸基地而發展的事實。

時序再度回到曳引車第一次出現在台灣的時刻，根據父親的回憶，當時曳引車從日本來到台灣，其實只有一座車頭、兩隻車軸和一張相當簡單的車體側面設計概念圖。那時只製造過鐵牛車的師傅們，依憑著那張簡單的設計圖，一邊研究、一邊改良，在無數次的試誤中，才將拖車的平板車體定型，也開啟了台灣工業運輸的全新篇章。

台灣拖車產業發展至今，已經隨著功能、地方條件、使用者需求而衍生出許多不同形式，加上更多專業機具的出現，今日的拖車工廠與黑手師傅所能製造的產品種類，比起當初簡單陽春的拼裝車工廠，不只更加精緻，也更加廣泛了。

這些偶爾從我們身邊轟隆而過、讓人心生畏懼的大型車輛背後，是從農業時代起數代鐵工、拖車師傅，投入無數時間與血汗、絞盡腦汁，改良而成的。正是這無數雙長著厚繭的粗糙大手，從基礎鋼架開始打磨、組裝，為我們打造了一輛輛鮮少受到注意卻無比關鍵的，串起台灣經濟發展脈搏的拖車。

1 林崇熙（2002）〈噤聲的技術：拼裝車的美麗與哀愁〉，《科技博物》，第六卷第四期，頁34-58。本書提及林崇熙之處，皆引自這篇研究。

2 平板仔（pênn-pán-á）是指車體為一塊平板的車型，常見用於載運長型鋼筋鐵材、貨櫃等，可參見本書第四頁編號03及04之車型與車板。

3 斗子（táu-á）是指車體五面圍起來的車型，用途十分廣泛，可參見本書第五頁編號06及07之車型。

第二章

離鄉背井學師仔

01 往返台東的野雞車

總覺得每個人小時候都寫過「我的父親」這樣一篇作文，兒時的我寫了什麼，早已不復記憶，但可以肯定的是，現在所寫的「我的父親」，一定與二十年前大不相同。

阿公還未過世前，我們每年大年初二都要早上五點起床，花上四個小時，由父親開車從高雄繞過屏東以及一圈又一圈的山路，回到台東。別人家的初二是跟母親回娘家看阿嬤（a-má）[1]，我們則是陪著父親回到故鄉探望阿公。

面對那左拐右彎連接故鄉的二線道，父親熟稔的好像走進自家廚房。他說在成家之前，他也曾經騎著哈雷機車獨自返鄉，這條路不知走過幾遍了，當然熟悉。

我一直對於父親家族世世代代都住在台東這件事深信不疑，直到學了地理歷史、台灣住民開發史，才開始思考如果祖先世居台東，那為什麼我沒有原住民血統？不求甚解的我，從未想過將這個疑問說出口，直到研究所寫論文時，才有機會聽到父親描述爺爺輩的遷移史。

從台南到台東尋找更好的生存機會

父親在台東市長大，卻不是在台東出生。他說阿公是從台南搬去台東的。原本在台南當小佃農的阿公，因為聽說台東那邊正在開發，很需要人力去幫忙開墾務農，為了擺脫只能當佃農幫人種田的生活，阿公決定舉家遷居台東。阿公讓當時肚子裡懷著大伯的阿媽帶著細軟，先坐車前往台東找地方安頓，他自己則用手拉車拖著一車家當，以步行的方式，慢慢繞過台灣南部蜿蜒的山線，只為了找到能夠帶來更多機會的藍海，好讓一家人過上更好的生活。艱辛的長途跋涉最終是值得的，阿公靠著勤懇的工作與節儉的生活，終於為家中掙得幾塊土地，擺脫佃農的命運。一家人因此可以靠著穩定的務農工作，讓孩子好好成長，好好接受教育。

父親說，他們家今天的生活都是阿公拚命節儉來的。當年阿公早出晚歸，阿媽一邊帶小孩、一邊幫著阿公務農，早期他們除了佃農收入之外，為了開源節流，家裡還養豬、養雞鴨，也自己種菜、種地瓜，而這些家畜與菜園的照顧工作，則理所當然地落在小孩子與阿媽身上。

沒有米的時候，一家人都吃番薯簽（han-tsî-tshiam），想要吃魚的時候，就去河邊釣。每位家庭成員對於各種種菜、種果樹的知識，都要略知一二。

總之，什麼事情都要自己來，日常生活不需要水電工、木工等等其他專業人士；能省則省，不將錢浪費在生活必需品以外的地方。父親的這些性格，很大一部分來自他小時候的農村生活。

「經濟奇蹟」世代

父親就這樣與他的哥哥姊姊，一邊幫忙田裡的工作，一邊接受義務教育直到國中。國中時，父親意識到家裡的農事收入，雖可自給自足，勉強支撐一家六口，但他們四個兄弟姊妹將來不可能只仰賴這幾塊田地微薄的收入，供養各自的家庭。

十五歲正要從國中畢業，沒興趣念書、又不想繼續種田的他，搭上了台灣社會邁向工業化發展的熱潮。聽聞隔壁鄰居大哥在高雄當學徒做得不錯，父親國中畢業後便跟隨這位鄰居大哥，坐上公路局客運，經由南迴公路，搖搖晃晃來到高雄，進入鄰居大哥所在的鐵工廠。

父親的成長經驗，對於那個世代的台灣人來說，應該不陌生。他至今將近六十餘年的生涯中，歷經兩次產業轉型。在父親十五歲時，政府正施行「以農養工」的政策，用土地改革、肥料換穀、強制收購等方式，強迫讓農業生產的利潤注入工業部門，並推行資金需求量不大、技術要求不高、建廠周期短的民生工業，讓島內民生需求可以自給自足，除了減少對進口的依賴，同時也消耗農村過剩的生產力。所以，大大小小的鐵皮工廠，便如雨後春筍般遍布台灣。

那時台灣正邁進「奇蹟」的經濟起飛時代，每個角落都有充沛的工作機會敞開大門，等著年輕力盛的小夥子投入。農村中留不住的過剩人力，便像我父親一樣，一個個坐上公車，前往城市學師仔（óh sai-á）。

隨著台灣產業結構的劇烈變化，台灣的階級結構也發生重大轉變，民國五十二年起，工業生產工作人員的數量開始急遽變化，到了民國七十二年，工業生產工作人員的從業人口比例，從原本的二十三%增加到四〇%，同時間農業從業人口比例則由四十九%減少至十八%。[2]

在這二十年間，從事工業生產的勞工在台灣所有就業人口當中，占據了最高的比例。年輕男性到工廠當學徒、女性進入工廠當女工；逐工業發展而居的遷徙軌跡是那一代人的共同記憶。至此，台灣的階級轉型是由農業社會轉為藍領階級為主的工業社會。

在農業社會快速轉型為工業社會的年代，台灣島上隨處可見從鄉村到都市發展的農村青年，他們或許抱著對大都市的嚮往，或許對於工業有著難以形容的憧憬，又或者只是想減輕家裡的負擔。因著各式各樣的動機，許許多多的青年離開農村，在一條擇定的道路上，投入大把心血及歲月。

十五歲少年的決定

身為家中最小的孩子，父親在他十五歲決定到高雄學鐵工時，他的二哥已經在台北學做玻璃纖維、排行第三的姊姊也已經開始學做裁縫了。

在晃晃悠悠前往高雄工廠的同一班車裡，除了隔壁的鄰居大哥，還有父親的國小同學，他們都是農家子弟。那時工廠會派出車子到各個偏鄉招攬學徒，他們就這樣一個個被沿路接上車，前往他們未來的工作地點。

父親學藝的那間工廠，共有六、七位師傅，當時他們每年會收五、六位學徒進工廠學藝。這些學徒大部分來自屏東、台東、台南等外縣市地區，而其中約有七成的小學徒跟父親一樣是農家子弟。

當我向父親和他的同事問起為什麼要到高雄當學徒？他們大多用半灑脫、半無奈的表情說：「小的時候家裡不好過啦。」

父親在新尚餘[3]工廠的同事中，有一位資歷三十五年的老師傅，大家都叫他「李仔」。他的身材中等，見人就咧了嘴笑。父親說，要訪問師傅，從他開始最好，他會滔滔不絕地跟你說上好幾個小時，你都不用張嘴說話。

李仔說，他國小的成績並不差，無奈家中兄弟姊妹眾多，只靠父母的收入撐不起近十人的大家庭支出。在父母安排之下，身為長子的他，不得不放棄升學一途，離鄉當學徒，為家裡多掙得一份收入，好讓弟弟妹妹得以繼續升學。

對於農業家庭來說，工業世界獨有的師徒培訓體制充滿了誘因。小孩子送到工廠學習，住在工廠宿舍，除了有微薄的零用錢之外，吃、住都不需要家裡額外的開支。既能省下開銷、又能學得足以讓自己一生溫飽的工作技能，因此在那個年代，許多父母都讓孩子去當學徒，孩子為了減輕家中負擔，甚至也會自己說要去當學徒。

父親生長的年代，國中義務教育已經實行，但完成國中進入高中，則必須經歷聯考這一難關。在高中尚未普遍的年代，完成高中學業，基本上已經可以說是高知識份子，足以進入公家機關擔任小文職了。而我父親甫完成國中義務教育就決定不再進學，雖然父親說他自己沒興趣念書，但想來他十五歲的腦袋裡，也是百般的現實考量，才做出這個決定。

果不其然，時隔四十年，當我問起父親那時是基於什麼想法而決定離開父母、獨自去高雄工作時，他說出現實得令人難以置信的思考，以現在的眼光來看，很難想像十五歲的孩子就有這樣的想法。

父親說，待在台東、靠務農討生活，如果只是要照顧好自己一個人，並非不可行，因為大伯也是靠著作田養活了一家人，然而，父親卻也反覆強調好幾次「那不是頭路（thâu-lōo）」。

父親的論點聽起來雖然矛盾，但其實他有一套自己的理論。在父親心中，作田並不是「工作」，也不是好的「出路」，也許是因為利潤低，也許是因為看天吃飯會讓收入不安定的因素太多，又或者當時還年少的父親，心中已經有了未來的規劃與計算：阿公留下來的土地分成四份之後將所剩無幾，農業做為生計如果沒有一定規模，就無法穩定獲利。對父親來說，大伯、二伯加上他，未來可預見的三個家庭，如果真的要一起待在台東務農，是沒有發展性的。

五十五歲的父親敘述離開台東的理由，無論是否包含著這四十年來對生活現實的感悟，也足以讓人體會，當年的他，是在隱約感受到未來可能遭遇的現實困境之後，而選擇來到高雄，成為離鄉打拚的千萬遊子之一。

爲何選擇當學徒？

父親已經不願跟我說他小時候的夢想或長大後的志向，他總說他小時候從來沒有考慮過這些，除了曾經覺得自己會在農村待一輩子之外，一生中對自己做過最大的職涯規劃就是選擇到高雄學師仔。

那時坐上野雞車，從台東前往高雄的他，連未來將要進入的產業是什麼模樣，都不是很清楚，只知道包吃包住、老闆每個月會給少量零用金，就這麼離開了家鄉。

我在研究期間接觸過的多位師傅，也說了許多不務農而選擇做工的理由，除了家裡沒有錢供應他們讀書之外，還包括「讀冊頇顢（hân-bān）[4]啦」、「（對作田）沒興趣啦」。

在拖車產業已有五十年資歷的忠仔師傅，小時候也曾希望繼續就學，但因為家裡還有弟妹要念書，所以他學師仔的目的，就是減少家裡支用的人口，就算只是讓家裡少一個人的吃住學費，也是很大的幫助。

在拖車業已經三十年的師傅麒仔，家裡原本要他國小畢業就去工作，但他堅持繼續念書，因此得以先完成國中教育再出來當學徒。

年資較淺的明仔師傅，國中畢業以後，本來可以靠著棒球場上的優異表現保送台北體專，然而他卻選擇放棄保送資格，一邊當學徒，一邊進入高中夜校半工半讀。問起理由，明仔師傅也是雲淡風輕地說，念體專的時間已足夠讓他學會一項技術、在未來養活自己了，與其在體專追求自己的棒球夢，他務實地選擇當學徒「學工夫（óh kang-hu）」這條路。

無論是自己選擇離家，還是無奈地被家人送去當學徒，師傅們口中「學師仔」最重要的好處，就是能夠學到技術。

從師傅們從事工業的理由，可以清楚感受到握有技術帶給他們的安全感，對於自認沒能力念好書、必須肩負家庭責任、又認為務農沒有未來的這群年輕人來說，「學師仔」獲得技術，似乎是比較好的出路。

他們用各種方式向我證明，當時他們的選擇是最好的。身為家中獨子的明仔，下面有三個妹妹，父親因為跑船，長年在外，雖然不至於沒有經濟來源，但對明仔來說，棒球夢遠不如妹妹重要，所以他與父親兩人合力支持三個妹妹完成國中學業，較大的妹妹國中畢業就去學美髮、學裁縫，一起負擔家計，直到三個姊妹都嫁人。

新尚餘工廠當中擁有電焊資格證照的志銘，國中畢業後，因為家中經濟能力有限，沒能讓他完成高職學位，但他以在高職就學期間考過的電焊資格證照為籌碼，順利開始職業生涯。志銘的提早就業，不僅減輕了家裡的負擔，甚至在弟妹要創業開設建材行時，還有能力為他們出資。

說起這些，每位師傅的眼神，都隱約閃爍著自豪。

現在的我們，或許可以透過各種歷史事實、數據與學術語言，冷靜理性地分析我父親以及當時還年輕的那些師傅，說他們只是在政府政策引導下、產業環境變遷的背景下，做了當時大部分年輕人都會選擇的道路，並且認為做為時代的一份子，他們的決定一點也不特殊。

然而只有實際觸及他們的心理運作之後，我們才可以知道，這些投入工業的農村青年，看似只是隨波逐流，卻不代表他們只是一味順應潮流行動，在選擇未來道路的過程中，他們有著各式各樣的評估，也有自己一套的優劣評價判斷，而這些判斷其實代表了這一代勞動者對於流動的想像。

每個月有人付錢給你，不是很好嗎？

對於進入工業世界就業的好處，父親給我一個簡潔有力的理由：「每個月有人付錢給你，不是很好嗎？」

乍聽彷彿是未經深思的簡單原因，但認真分析起來，就可以看出父親對於工作與勞動的想像中有一個關鍵的要素，我稱之為「受僱者心態」。用父親的說法就是「食人頭路（tsiáh lâng thâu-lōo）」，不是創業成為老闆、不是成為發薪水給他人的頭家，而是成為受僱的、領人薪水的員工。

有趣的是，這個想法都是相對於務農而來的。我不只問過一位師傅為什麼覺得做工比較好？他們的答案都下意識地以務農做為比較對象：「我們做一個月就有錢拿了啊！不像作田，忙好幾個月，好不容易要收成了，颱風一來又沒了。」

麒仔給我的答案算是綜合了師傅們的想法，正因為在農村長大，更能理解農作收入的不穩定，因此他們會尋求更安定的收入方式。比起必須辛苦一整年、還要看天吃飯、盈虧成果和責任自負的農業，受僱於人的好處是每個月都可以獲得固定的薪水，是相對穩定的收入來源。

或許在師傅們心中，兩種類型的工作都一樣辛苦，但相較之下，選擇成為他人的僱工，卻是更加可靠的收入來源。

而他們在選擇個人出路時所遭遇到的條件限制，除了原生家庭之外，還有個人的其他條件，如讀書能力，讓他們相信習得技術是最有保障的出路。依靠技術受僱於人，就能確保只要一技之長在手，一輩子就不會沒飯吃。

希望受僱於人、穩定收入的心態，就是我所謂的「受僱者心態」。這些師傅的受僱者心態，充分體現了台灣那個年代從農村、一級產業家庭中成長的青年對於工作的態度。在家庭背景的加乘之下，不難想像包吃、包住、能學到技術、還有零用金可拿的師徒制，會成為當時農村青年離開家鄉的最大拉力，從而造就了台灣第一波由鄉村往城市的大規模遷徙，以及台灣社會第一次的產業轉型。

1 阿媽（a-má），父親的媽媽，就是奶奶。不管是奶奶還是外婆，台語習慣像都是叫 a-má，常見的誤用字是「阿嬤」。

2 根據《中華民國71年統計提要》、《中華民國72年統計提要》、《就業市場季報》（1984），頁11，以及文崇一（1984）《臺灣的工業化與社會變遷》，頁31，台北：東大書局。

3 新尚餘，全名是新尚餘科技有限公司，原廠址在前鎮，是一家頗有規模的拖車車體製造廠，工廠老闆常會請我父親去協助製造新車。

4 預顢（hân-bān），指不擅長、不拿手，常見的誤用字是「憨慢」。

／02

師仔的工作與日常

「師仔（sai-á）」是台語，指的是學徒。在台語的語境中，把進入師徒制模式拜師學藝這件事，用徒弟的身分為主稱視角，稱呼為「學師仔（ôh sai-á）」。仔細思索起來，「學師仔」不僅沒有指明當事人加入的行業種類，也沒有說清楚「學」的具體內容是什麼，「學師仔」聽起來，好像就只是學習怎麼當一個學徒而已。

從我父親學師仔的經歷來看，我的理解並沒有錯。師徒制當中的人事結構相當簡單，只有頭家、師傅、學徒三種角色而已，在規模比較小的工廠，頭家還得兼任師傅，不僅要掌管工廠大小事，還要肩負工作以及學徒的教育。

工廠吸引小學徒加入的條件，大略有包吃包住、教你學習可以受用一輩子的技術，以及每個月給予一筆零用金。小學徒通常住在老闆家裡，並且要協助師傅、師母打理家中大小事，包括整理家中環境、協助煮飯、洗碗、照顧小孩。到了工廠，則要負責幫頭家、師傅跑腿買東西，接受師傅的指示幫忙遞工具，以及打掃工廠。這些工作項目類似於「打雜」，說起來跟現在辦公室裡的工讀生沒什麼兩樣。

有趣的是，師傅們在說起自己的學徒生活時，通常都會帶著笑。那些我們這個世代的人再也沒有機會感受到的生命經歷，在他們口裡總是鮮活無比。父親相當喜歡說他學徒時期的一段經歷，不管講幾次，每次說起都會哈哈大笑，引得我們也跟著笑出聲音。

那是台灣還戒嚴的時代，父親跟工廠幾個學徒晚上跑去逛夜市，逛著逛著不小心玩到忘記時間，當他們意識到自己玩過頭的時候，街上已經開始實行宵禁。

父親跟著幾個學徒朋友想著趕快回到頭家的家裡，沒想到卻因為腳上穿的是木屐，幾個人走在安靜的道路上，就算不大聲喧嘩，腳下ㄎㄧㄎㄧㄎㄧㄚㄎㄧㄚ(khiàk khiàk khiàk)的聲音，也足夠引人注意了，他們因此被巡邏的警察抓到，在逃跑失利之後被帶回警局。

警察看他們還是小孩子，要通知他們的監護人，但實際上卻不可能這麼做，除了我的父親來自台東之外，其他人也都來自台灣各地，若要把他們的監護人一一找來，警察大概忙到隔天也忙不完。最後來到警局的人，是他們的頭家。

那一晚，頭家穿著睡衣來到警局，一邊大罵這群惹事的小毛頭，一邊又不停跟警察大人低頭道歉，保證會帶回家好好管教。隨後領著這群孩子回去的路上，頭家一路上罵個不停，父親說比他們穿著木屐走路的聲音還要大。

但回去之後，頭家並沒有對父親一行人有什麼實質上的懲罰，只是學徒的出門許可變得嚴格，晚上要出門的話，總少不了先被囉唆一頓。

這樣的管教方式，相當接近父母教育孩子的模式，孩子犯了錯，父母先代替孩子低頭道歉，但口頭上少不了狠狠訓誡孩子一番，但實質上就連扣零用錢都是太過嚴苛而不會運用的懲罰方式。

揉合教養功能的師徒制

家父長式的技術傳承模式，讓年紀尚小的孩子，除了在工廠學習技術之外，還兼具生活照護與個性培養的功能，他們如果遇上優良的師傅、頭家，就能夠順利地一邊磨練心性，一邊學習技術，朝著成為「師傅」的目標邁進。

當然，遇到什麼樣的人都是運氣與緣分，頭家是否可靠，小學徒的父母不一定能在最初面談時協助把關，而工廠中的師傅更是十人十色、各家不一，會教的、不會教的，主動的、被動的，性格好的、性格差的，誰能遇見誰，都講緣分。

規模稍大、師傅較多的工廠，頭家可能會依據學徒的個性讓他們跟著不同的師傅學習。父親說，他們的頭家會特意把調皮搗蛋的學徒，派到比較嚴格寡言的師傅身邊學習，而遇到有心學習技術的孩子，則會讓他跟著技術比較好的師傅。

沒有客觀的考評標準，完全人治的工廠治理方式，無論是頭家或師傅，難免有所偏心。頭家、師傅的心會偏向誰呢？比較會說話的、做事情俐落的、認真上進肯學習的、靜的下心來的、性格穩重的……，每個師傅的答案都不一樣，問幾位師傅就會有幾種說法。唯獨經歷過小學徒階段、現在也當上師傅的人，他們心中對於哪些特質的學徒「師傅願意多加照顧」，倒是頗為一致。

總的說來，性格是否穩重討喜、工作態度是否值得信賴，就是師傅最在意的特質。因為師傅在觀察學徒的同時，也等於是在觀察自己未來的同事，培養學徒就等於培養一個孩子成為一個社會人時應具備的性格。

師徒制揉合了養、育、訓等概念，讓當時正在接受產業轉型、各種制度都尚待更新、等著大眾慢慢適應的年代，有了銜接傳統社會與現代社會的絕佳職業訓練模式與工作制度，既不偏離農村社會中對於「家庭」的想像，又兼具了現代社會中「職業培訓所」及「學校」的功能。台灣社會得以在技術與產業上順利轉型，師徒制厥功甚偉。

從師徒制到建教合作

現在台灣已經很少見到這樣純粹的師徒制了，義務教育時間的延長，加上對於學歷要求的增加、以及證照化的趨勢，無論是多麼傳統的技術，大多都能找到專業的教育訓練機構與證照考試。在我接觸的師傅中，比較年輕的，已經有職校畢業且考過機電相關證照的人了。

此外，師徒制也慢慢演變出許多不同的變形，父親那一輩的模式我稱為傳統師徒制，特點是吃、住都跟老闆一起，既沒有正式的拜師儀式，也沒有出師儀式。傳統師徒制在工廠欠缺人力時，會派一台車子到周邊鄉鎮招募學徒。當然，也有師傅因為並非來自外地，所以他們的師徒制是不包吃住的。

學徒的薪資大致是固定的，師傅稱學徒時期每個月拿到的薪資或零用金為「剃頭錢」(thì-thâu-tsînn)，這個名字意味著這筆錢並非正式意義下的工資。由於傳統師徒制包吃包住，這筆錢大多用來買肥皂、毛巾、衣服、鞋襪等日常生活用品以及修剪頭髮，工廠之間行情落差不大，起始平均大約是一個月三百元。

在職業學校發展出建教合作制度之後，傳統師徒制的型態因此改變。麒仔師傅就是透過學校的建教合作進入工廠的。他在職校高中念的是電焊，修業期間透過學校安排，以實習名義進入工廠學習實務。事實上，在這個階段，學生在工廠實習的工作內容與傳統師徒制底下的學徒無異，但實習時間更短，通常幾個月的工廠實習期間結束後，就會離開工廠，拿著工廠老闆蓋章的文件回學校交差。

建教合作與一般師徒制學徒不同，由於學生在學校已經習得共通且必備的技術基礎，並且經過幾個月的實習，對於產業實務有一定的了解，因此他們在畢業後有機會以半桶師（puànn-tháng-sai）[1]的名義，進入工廠工作。麒仔師傅畢業後，先在不同產業有過幾年工作經驗，最後才以半桶師的資格加入拖車產業。

隨著時代變化，現在的師徒制也大幅改變，除了離鄉背井的外籍移工之外，拖車產業已經沒有吃、住都算在老闆頭上的傳統師徒制了。教育程度的抬升讓台灣年輕人漸漸不願意接觸粗重的勞動工作，而隨著就業習慣、勞資意識日漸明確之後，實習生的聘用變成必須符合法定基本工資。

我在新尚餘工廠遇過一位自願當學徒的年輕人，他以私立大學碩士的學歷到工廠當學徒，日薪八百元，他平常的工作是打掃工廠環境或是跟在師傅們身邊打雜。

但是這樣的學徒有時卻也會給公司增添許多麻煩。我曾經訪問過工廠經營者，他認為現在越來越難招到肯做的新人，沒有定性，也待不長久。面對新人，老闆要花時間教他技術、培養他，但是卻待沒多久就跑了，對老闆來說也是不小的成本。那位碩士學徒，不到兩個月就離開新尚餘了。

就業模式的變化以及勞動法的制定，工廠老闆不能也難以無條件招收學徒，甚至有老闆開玩笑地說，以後到他工廠學技術的人，一個月都要付公司兩萬，教你技術、包午餐還含保險，然後向補習班一樣——保證學到會！

在過去，招攬學徒可以補充工廠不足的人力，還能培訓產業人才，但如今拖車產業漸漸式微，現在幾乎沒有年輕人願意投入，即將面臨後繼無人的狀況。

但以公司經營者的角度來說，收學徒是傳授自己工廠中的技術給外人，若學習技術的人不能好好待在工廠幾年，那可說是相當浪費成本的一件事。

時至今日，拖車工廠的師徒制漸漸與一般就業無異，不再需要提供保護年幼學徒的功能，但是對於我接觸到的這群師傅來說，學徒制卻是提供他們經濟獨立的重要管道。傳統師徒制無論對於這些師傅的工作史來說，或對於台灣產業變遷史來說，都扮演著舉足輕重的角色。

1 半桶師（puànn-tháng-sai），指有點焊、切割等技術基礎，但沒有實際在拖車產業中工作過或工作技術尚不足以成為師傅的人。

師仔的兩個功課

／03

師徒制雖然可以廣泛用來稱呼依賴實作累積的技術傳遞模式，但是師徒制在台灣也有各種型態。目前關於台灣師徒制產業的研究，就包含了木工、摩托車技工、宜蘭傳統產業等等，這些產業都呈現了不同的師徒制型態。

木工與宜蘭的傳統產業，由於行業起源早，一直是以固定的型態來傳承，同時也保存許多具有儀式象徵的行為，比如說木工產業在魯班公生日以及小學徒入門時，會有祭拜儀式，而木工學徒的修業也有明確的三年四個月的傳統；此外，在細木作這一行，還有師傅確認學徒會把畚箕做得工整漂亮就能出師的傳統。

拖車師傅的工作脈絡原屬於鐵工，鐵工這一行本來就包含許多不同的產業項目，除了基礎的點焊、切割的工夫是共通之處，隨著產業的不同，還會發展出完全不一樣的技術內容。

專門從事拖車製造的產業，是在工業運輸開始有大量需求之際才發展出來的。我父親剛進入鳳山的工廠時，廠內的「師傅」大多很年輕，有的甚至只比父親早學一、兩年而已，關於拜師學藝、學成出師的規矩當然也不那麼受到重視。

拖車產業的技術脈絡，始於師傅稱為「西工（se-kang）」的鐵工產業。「西工」是由日文的製缶（せいかんseikan）轉化成台語，用來指稱與金屬再加工相關的產業。以拖車產業來說，拖車看似龐大，但主要構造其實只有車頭與車體兩大部分，拖車師傅製造的車體，簡單來說就是鋼材拼合而成的金屬架構。他們在製造流程中做最多的，就是鋼材的切割與黏合，這也是「西工」產業中最重要的兩種共通技術。

沒有標準作業流程、沒有課綱安排，也沒有教科書，就算有師傅的要領指導，所有技術的累積都還是必須仰賴經年累月的熟練，對於師徒制產業來說，比起「聽」和「看」，「動手做」才是學會一門工夫的最快途徑。

在我父親年輕的時代，台灣許多輕工業與製造業都仰賴師徒制來傳承技術，從而在各行各業創造出許多具有獨立技術的勞工，這些具備獨立製造生產的工匠技藝者，在台灣被稱為「師傅」。這個稱呼區別了後來工廠生產機械化之後未擁有技術的一般非技術工人，「師傅」不僅有自成一格的工作環境，並且也擁有不易被其他產業後備軍取代的技術。

小學徒的必修課之一：累積技術

入行之後，學徒在出師之前的幾年間，必須為自己完成兩項功課。其中之一是累積技術，而甫進入工廠的小學徒，最先必須熟練、掌握的技術，就是鋼材的切割與黏合。這兩項都需要使用特殊的機具並有幾件注意事項，比如說雙手擺放的位置、身體的距離、機具與鋼材接觸的角度等等。

這些都可以由師傅講解說明，小學徒也可以透過提問，來讓師傅糾正姿勢或熟悉機具的操作流程，但是要讓切割線條又直又漂亮、讓焊接軌道細小又要黏得牢固，牽涉到手不能抖、身體重心不能歪斜、施力的輕重等等技巧，僅仰賴口頭說明或師傅示範也難以上手。這些曖昧的「身體掌握」，必須仰賴個人日復一日的操作練習，才能上手。除此之外，工作上會使用到的工具，從名稱到用法，也都必須一一學習。

在真正成材之前，這些沒有相關知識就進入工廠的農村小毛頭，面對陌生的人、陌生的環境、陌生的產品、陌生的生產工具，因為搞不清楚狀況而被斥責，勢必無可避免。

台灣的拖車製造技術由日本引進，比較資深的師傅在學徒時期還曾遇過日籍師傅，雖然師傅們認為，學徒遇到的師傅是好是壞、會不會教，都看個人機遇，或看自己能不能獲得頭家或師傅的賞識，但是對於日籍師傅的評價則相當一致：很兇。

重視規矩、加上語言隔閡，小學徒一兩次講不通，師傅難免就會訴諸比較激烈的肢體語言。有師傅說他以前當學徒時，日籍師傅要他幫忙拿工具，講一次、兩次聽不懂，一直沒有拿過去給師傅的話，東西很快就會飛過來砸頭了。

雖然這位師傅是笑著說出小時候的這段往事，但在已近花甲的這群師傅身上，還能隱約看到日籍師傅對他們造成的心理陰影。

如同之前提過的，有上進心的學徒比較容易獲得頭家的額外照顧，師傅也願意多加傳授。父親說，他以前待的工廠並不會為學徒分配固定的師傅，只要哪位師傅需要幫忙，或是有什麼想特別說明的技巧或流程時，就會把學徒叫到身邊，大部分的學徒都是在一旁等著指示或幫忙遞送工具。

父親認為，想要盡早掌握工作技巧，必須自己把握學習的機會。他會趁中午師傅都在午休時，自己拿著切割、焊接的機具，對著用剩的鋼材殘料練習，從小的零件部分開始做，切割較薄、較小塊的鋼材，或是試著焊接小塊鋼板。

父親就這樣循序漸進為自己安排學習進度，遇到不會的或自己做不好的地方，就會趁師傅在工作時偷學。

父親說遇到不會焊接的東西時，他會主動拿著焊接護目鏡，蹲在師傅旁邊，觀察學習他們的工作技巧與流程。有些師傅看到父親的這些舉動而注意到他有心學習，就會在工作之餘，趁機在口頭上多加解釋手邊這項工作的注意事項，或是糾正父親沒有注意到的細節。

每天比別人多練習一點、比別人多聽到師傅的兩句指點，長久累積下來，就會成為顯著的差異。

這些技術功力的進展，在只看技術高低、不論從業年資的師徒制世界中，技巧的好壞不僅影響出師的速度，也影響調薪的速率。小學徒一點點累積的成果，會直接反映在薪資上，調薪的幅度與頻率是根據學徒掌握了多少技巧、能做到多少工作來決定的。

因此，掌握關鍵技術的師傅肯不肯教，就影響了學徒出師的速度。明仔師傅就認為，能不能快速出師，全看師傅肯教你多少，像是輪軸之類要求精密做工的零件，只要沒注意到一些細節，車體與零件就無法順利組合。沒有師傅的提點，只靠自己摸索，勢必繞遠路。而師傅要不要教，全憑師傅對學徒的判斷。

明仔說，師傅會等到學徒「可以了」，才會教新的東西。而這個「可以了」可能指基礎技巧、可能指求知慾、可能指工作態度、可能指性格。從人格到技術的綜合判斷，影響了師傅對學徒指導的意欲。這也讓師徒制的工作現場，成為足以形塑磨練學徒從內到外、從性格到技術的教育場域。

小學徒的必修課之二：累積人脈

小學徒隨著技術的累積，可以做的工作會越變越多，薪資也就從一開始的三百元剃頭錢慢慢升格，但在同一家工廠能達到的薪資水準以及能習得的技術，難免會撞到天花板，學徒想要讓自己的薪資繼續升格，必須習得另一個功課：累積人脈。

此時，「西工」產業的共通技術就成為關鍵。只要習得幾項特定的技術，西工產業的多樣性就得以讓從業者有很多跳槽轉業的選擇。

我父親在第一家工廠待了三年，薪資卡在一千二百元左右，他意識到自己的薪資已經碰到天花板，便向工廠老闆辭職，隨後透過認識的人介紹，陸續在鳳山其他工廠做過鐵窗與採砂船。當他在這兩個產業做了一年多再回到原來的車斗工廠時，薪資已達一個月三、四千元的水準了。

透過轉職跳槽在不同工廠甚至不同產業習得技術的過程，幾乎是所有拖車師傅的必經歷程。李仔師傅在進入拖車產業前做過廢水管路，他說換工廠對於學徒與剛出師的「半桶師」來說，是提升薪資的重要手段。

事實上，就算是在工作相對好找的一九六〇年代，「人脈」也依然左右了能否順利轉職的關鍵。無論是對於未知職場環境的判斷，或是新的職場對於求職者技術、性格、工作態度的判斷，只要透過引介人，就會讓轉職順利很多，求職者與雇主談薪資時，也可能順利許多。

這些引介人包括了工作上認識的師傅、同事、老闆或是相關產業外圍的人，他們可以為求職者過濾不適合的職場，也帶有為求職者的技術做擔保的功能。跳槽和轉業對於完成技術修習的學徒來說，具有自立門戶的象徵意義，他們透過跳槽和轉業，更能有效增加人脈，建立起產業中的人際網絡。我接觸到的師傅，大約有九成是經由同事、朋友介紹工作，而這些同事與朋友就是師傅在各個行業、各家工廠遊走之間逐漸累積的。

學徒期間建立良好的工作態度與基本人脈，出師之後又透過跳槽與轉業，累積產業人脈與各種技術，在不同工廠中認識不同的同事，這些同事未來跳槽到更好的工廠時，又會成為自己進入那家工廠的引介人。

父親在當兵前完成學徒的修習後就接受徵召入伍，退伍之後開始以師傅的身分開啟他的拖車師傅生涯。

正因過去同一家工廠的同事向各地的工廠流動、開枝散葉，使得我父親可以透過人際關係，到前同事所在的工廠工作。父親說最顯著的影響，是他當完三年兵退伍要找工作之際，為他填補三年空白期、引介他到高雄市小港區工作的，就是自己當學徒時認識的那些「少年師傅（siàu-liân sai-hū）」。

鐵工產業的廣泛與基本技術的共通性，不僅讓學徒能在出師後擁有跳槽轉業的廣大藍海，也讓師傅在遇到某些產業工作飽和時，還得以擁有轉職的機會，這個特性讓掌握鐵工技術的師傅，等於擁有了「鐵飯碗」。

但要捧好鐵飯碗，也不是這麼容易，身為「師傅」必須與不同類型的工作對象合作、必須想辦法精進技術，以求在業界擁有一席之地，師傅也必須透過「自我推銷」，打開在業界的知名度，他們如何面對這些挑戰呢？接下來的篇章，我將一一說明師傅的生存之道。

第三章

師傅的生存之道

半桶師如何精進技術？

01

在上一章「學師仔」的故事中，小學徒是透過待在師傅身旁邊看邊學，以良好的學習態度博取師傅的信任，讓師傅願意多指導一些技巧，並透過反覆練習來熟練基礎技術，掌握這項產業該有的技能。但出師後的半桶師或年輕師傅，該如何強化自己對產品的知識與製造技術，來獲得更多工作來源呢？

偷與模仿

答案是「偷」，更精確地說，是「模仿」。

這種作法是基礎中的基礎，就像我拿到一組新的樂高積木時，一定先按照示意圖，拼出一個跟範例一模一樣的成品，然後在拼裝的過程中理解每個零件的功能，以及可以使用的場合，稍微熟悉了之後，再根據自己的意志應用與變化。

父親也是如此，在他出師以後，有意識地轉換了好幾家工廠。他說他是去「學技術」的。在他的認知裡，若要學做一種新車，最直接的辦法，就是到有在做那種車的工廠，看看師傅怎麼做。

先從有樣學樣開始，按照師傅的「範例」，一步一步照著做，待熟悉之後，就可以思考自己習慣的流程，以及可以改良的細節，接著再調整成屬於自己的工作流程，直到整個工作流程發展完成，「這樣就可以算是新類型車的『出師（tshut-sai）』了」父親說道。

當初父親為了讓自己接案的來源更廣，有意識地從各方吸收與拓展自己能應對的車種類型，慢慢累積成他可以在業界站穩腳跟的武器庫。

把報廢車拆開研究

師傅如此，頭家亦是。父親的老相識蔡灌先生，在大林有一間頗具規模的工廠，父親說這是高雄轉型最成功的一家工廠。蔡灌先生是以傳統的車斗與車體製造起家，曾經搭上工業發展的潮流，迎接過產業景氣最好的時期。而在台灣製造業開始外移時，他敏銳地察覺到拖車產業的衰退，因此決定拓展工廠的商品種類，試著製造掃街車、灑水車、垃圾車等政府機關使用的車種。

政府單位的工程車與傳統拖車，一般人可能感受不出製作技術的差異，但對於業者來說，這兩者牽涉的技術，可說是天差地別。就像任何一家公司要開發新產品，免不了會有研究的成本。

在拖車工廠，雖然頭銜上老闆最大，師傅的薪資也都仰賴老闆發放，但是公司要做什麼、不做什麼，如果沒有徵得師傅們的同意，新計畫可能會寸步難行。這就是獨占「技術」帶給師傅們的籌碼。

當年蔡灌先生為了更穩定的工作來源，而希望將公司的業務拓展至政府工程車時，為了求得師傅們的認同與支持，他花了不少時間跟廠內的老師傅喝茶、喝酒、交心溝通、費盡口舌，才說服工廠資歷最深的幾位老師傅在現有工作之餘，額外撥出心力研究新車種的製造技術。

拖車產業的「技術研究」與新產品研發，並沒有什麼分析研究人員對著文件數據搖頭晃腦，而是採用最簡單直接的手段：買一台報廢車，然後把它拆掉。

不像高科技或知識含量高的產品，需要複雜的實驗及數據分析，拖車師傅的研究對象，構造單純且具體。師傅多半透過以下程序研究：首先是拆卸車體來研究組裝的方式以及所需零件，接著再透過重新組裝，試著仿照、歸納流程，同時也研究鋼材的材質與形狀等細節。

蔡灌先生說他們每研究一種新的車輛，就要拆十多台報廢車，而師傅們從拆裝過程當中體會到的心得，則成為他們未來拓展業務範圍的重兵利器。

路邊看到，就停下來看

對於新技術的學習，身為工廠老闆的蔡灌，說出「拆」這個字，而我則從另一家工廠的年輕工程師阿凱口中，探聽到另一種途徑。

阿凱說他大學畢業來應徵「工程師」職位的時候，完全沒有意識到自己將會面對一個完全陌生的產業。為了聽懂工廠師傅在說什麼，他努力將腦內的專有名詞轉化為師傅慣常使用的口語稱呼；為了補足並拓展對車體的了解，他也必須努力補充相關知識，以爭取跟師傅對話的空間。為此，他不只學習自家工廠的拖車樣式，也廣泛參考其他拖車工廠出產的產品。

他的作法很簡單：「路邊看到，就停車下來看。」

拖車雖然已經發展出制式規格，但是不同工廠有著不同的師傅，所以即便是相同規格的拖車，卻常常可以看到不一樣的設計細節。

阿凱騎車上班，小港的工廠一區區集中在一起，往來工廠的路上，常常能見到拖車奔走。阿凱在下班回家四十分鐘的路途中，總能遇見十輛、二十輛別家工廠的車。看到有興趣的，他就會停下來研究一番。

阿凱從工廠中最常接到訂單的車種開始認識，接著慢慢觀察街道上的特殊車種，再根據自己的興趣或想學習的方向挑選車種來研究。此外，他也會仔細觀察業主、車主口中評價良好的車廠，了解他們出產的車子好在哪裡。

就這樣，阿凱透過比較不同工廠出產的拖車，並且在跟師傅討論拖車製作方式時，多聽一點師傅的意見，慢慢的，他就能形成自己的觀點。

阿凱運用讀書的方法，將比較、歸納應用在拖車知識的學習，他不必擁有動手做的能力，只要能說出一口好車，繪製正確精準的設計圖，獲得工廠老闆、車輛檢驗單位與師傅們的認同，就能順利完成他的工作。

跳槽

師傅透過拆解車輛、模仿製程學習新技術，阿凱則從比較觀察當中分析優劣，拖車產業中不同工作位置的人，對於學習新技術各有不同的心法，而回到本書的主角拖車師傅，已有多年從業經驗的他們，還能透過什麼方式學習新技術呢？

答案是：「跳槽」。

不同於老闆為了拓展工廠業務而學習特定類型的車種，也不同於工程師為了增加自己的知識而多方觀察與分析歸納，拖車師傅做為真正動手製作的人，他們可以在每一次的跳槽之中學習全新的技術。

師傅們四處流動，每到一家車廠就會接觸到不一樣的技術。每家車廠會隨著車廠客戶需求、周邊環境、廠內設備、廠中師傅的不同，而製造出特色各異的產品。例如這家工廠常有車斗訂單，因為廠中有位擅長車斗製造的師傅；那家車廠會做水泥罐車，因為附近有水泥業工廠。

「跳槽」越多次、經歷過越多家工廠的師傅，只要有心，就能掌握越多樣的生產技術。我父親早年轉換過幾次車廠，每次跳槽他都有心留意、學習之前沒有接觸過的車種和技術。經年累月下來，待他摸透常見車輛種類與車主需求之後，就轉為不依附任何一家工廠的自雇者。

父親會自己騎著機車繞遍小港前鎮區，尋找需要人手的工廠，並藉此熟識更多工廠、師傅與相關業者。漸漸的，父親就接到了不同工廠的電話，請他去支援工廠無法應付的訂單。

拖車師傅就是這樣，在各家工廠模仿不同的車種製法，並從其他師傅身上吸收更好的工作方法，一點一滴累積出無可取代的一身絕活。

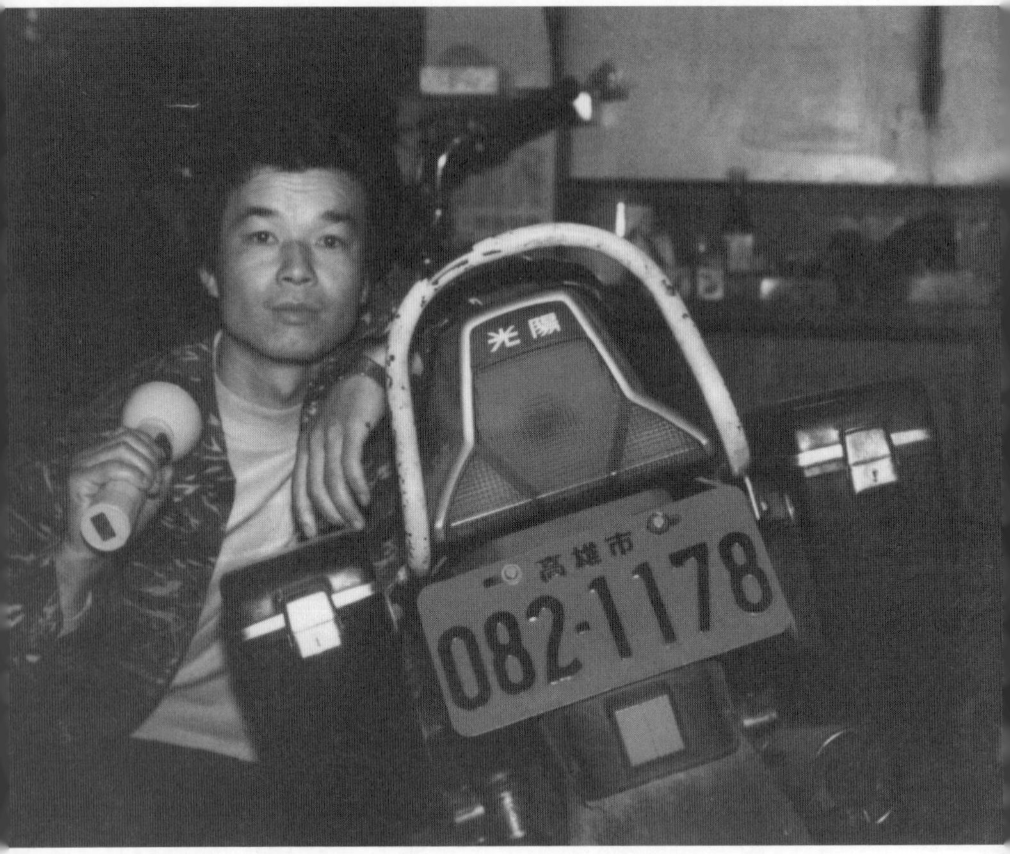

父親會自己騎車繞遍小港前鎮區，尋找需要人手的工廠，並藉此熟識更多工廠、師傅與相關業者。根據母親的說法，父親年輕的時候似乎也曾騎著照片中的光陽王牌135載她去約會。我對這台車的印象則是報廢了，但父親卻捨不得丟棄，因而閒置在住家附近的空地旁邊。

經營人際關係 ／02

父親在成為師傅之後，除了一開始曾受僱於幾家工廠之外，在往後漫長的職業生涯裡，他選擇成為計件制師傅，不受僱於任何一家工廠，也沒有固定的工作場所。

訪談時，常常聽到其他師傅說像我父親那樣的工作型態很棒，自由自在，做多少算多少，不必接受單一老闆的予取予求，也不必為了維持與老闆的關係而接受不合理的要求。不過他們不知道的是，要維持這樣的工作樣態，並且持續有收入來源，其實需要耗費許多心力經營。

保力達與手搖杯

父親不是一個擅長交際的人，自我有印象以來，他都是準時出門上班、準時下班回家，沒有跟朋友喝酒、出遊，更別說交際應酬了。在工作與私人生活之間，父親的劃界相當嚴格，在私領域還會互相聯繫、稱得上「朋友」的工作夥伴，大概一隻手就數得完，但這不代表父親不會用心經營他的工作關係。

父親身為計件制師傅，沒有受聘於任何一家工廠，因此沒有公司會固定給予他薪資，只要工作案子青黃不接，就有可能讓家裡的下一餐沒有著落。

在我和弟弟還小的時候，父母親從來不在我們面前談論跟工作有關的事，但因為父親的生活作息實在太過固定，所以偶有異常作息，就算他不說，我們也能感受到「比較辛苦的日子」。

有些日子，父親一樣會穿著工作服出門，但會比較早回家，而且回家後的工作服看起來又比往常乾淨。這種時候，父親的表情會顯得低落，在家裡的情緒也會跟往常有所不同。這樣的日子，如果持續累積一段時間，家裡就有可能迎來一場大吵。

沒有工作的日子，父親仍然天天穿著工作服騎車出門，看起來像是電視劇裡中年男子為了維持仍在工作的假象而天天穿西裝出門。但父親卻不是這樣子的，他穿著工作服出門，是去認識的工廠問問有沒有工作，如果有，當天他就可以留在工廠協助修理或刣肉（thâi-bah）[1] 等簡單的工作，賺一點臨時收入。

此外，父親也會帶著保力達、手搖杯綠茶等伴手禮，去找認識的師傅、頭家或相關從業者，向他們打聽有沒有哪裡需要人手，或有什麼工作可以接。

父親那一輩的勞動者，有著閒不下來的性格，父親也不例外，他在工作青黃不接時，發展出屬於自己一套「跑業務」的手段。他雖然不擅長在口頭上自我推銷，也非長袖善舞之人，但他深知發展人脈的重要性，在技術精進之外，他為了經營人際關係所下的「隱形工夫」，給了他更好的口碑，讓他擁有不依靠特定公司也能養家糊口的工作來源。

與車主、零件材料商廣結善緣

不斷累積新技術，是師傅身上最珍貴、也最無可取代的資產。在技術說話的工業生產世界，只要有技術傍身，就不怕沒有飯吃，這是與一旦考上資格就不會被辭退的公務員完全不同意義上的「鐵飯碗」。

師傅看重技術，知道能透過跳槽轉業讓自己的技術變好、薪水提高，但卻不是每位師傅都會意識到另外一項重要的資產：人脈。

師傅的人脈不僅會隨著他們在不同工廠流動的過程中慢慢累積，也會影響他們的從業路徑。而產業中的資訊與情報流通，則會直接影響師傅的工作來源與個人的工作聲望。

前文曾經提到，為了讓同一工廠的師傅彼此溝通順利，師傅之間必須注意日常的關係經營，除此之外，每個師傅也必須與車主、零件材料商廣結善緣。

車主隨著車輛東南西北跑，會認識許多師傅與老闆；而零件商在與工廠打交道時，則會知道許多公司的情報。工廠老闆需要認識更多有能力的師傅，他們會向車主或零件商打聽，因此車主或零件商腦海第一個浮現的名字，就可能成為一名師傅的工作來源。

一位師傅今天為了完成一位車主無理要求所做的種種努力，透過業主、車主、零件商相互流傳與轉介，有可能就成為明天新工作找上門的契機。而事實上，圍繞著拖車產業建立起來的人際網絡，還能為師傅帶來更多不同的功能。

侯念祖對於鹿港小木工匠的研究發現[2]，非正式關係在當地的木工社群具有協調、維持行情以及評價師傅的功能。鹿港的木工匠組織也像是非正式的工會組織，在必要的時候，可以集體抵制某位工廠老闆或發動罷工，同時也會彼此限制工作時間與速度，以維持工作行情。由此可知，同業整合力量不僅用以互通資訊有無，也能彼此支持、對抗不合理的要求，甚至相互串連來捍衛彼此的權益。

然而，在拖車師傅社群中，師傅的個體性更加鮮明，由於產業群聚性不高，

拖車業同行之間常有機具材料、技術上的交流，這是父親與同行但不同公司的幾位「少年師傅」相約出遊時留下的照片，如今父親（左二）還叫得出相片中其他人的名字。

加上從業人員流動的自由度又比木工產業更高，拖車師傅並沒有建立起具備高度牽制效果的社群力量。但港都拖車產業的社群，卻同樣能在資訊的互通有無中，為從業者與師傅帶來幾種功能：提供工作來源、建立認同、流通公司與產業的消息、提供彼此評價的機制，以及形成勞動價值的保護網。

在正式談人際網絡之前，我想先梳理拖車產業的網絡，首先是相關材料零件的製造廠及專賣行。拖車依功能差異會附加許多不同零件，包括製造車體所需的各式鋼材、傾卸式車體的油壓伸縮軸或氣體車、化學槽車、油罐車等具有特殊功能的車槽，這些部件當然不可能由拖車師傅一手打造，而各自有專門的供應商。

材料商的工作人員每天跑遍前鎮、小港的大街小巷，為各家工廠送貨、供應材料，自然而然成為同業間的消息來源。哪家工廠做的車比較好、用料比較實在、價格比較划算？哪裡有可以製造特殊車輛的師傅？哪間工廠有在徵人？這些消息透過材料行及相關從業者的網絡而得以傳播，讓師傅與工廠之間可以互通有無。

拖車產業中最重要的相關產業網絡，要屬運輸業者。而運輸業者之間也存在著營運類型的差異，這些差異除了影響從業者的待遇與勞動環境，同樣也影響了他們與拖車產業從業者的互動方式，因此我們必須先說明運輸業者有哪幾種類型。

個人型與公司型的車主

高雄的工業運輸業者分成公司型和個人型，公司型指的是拖車司機以公司行號的名義接單，而個人型則是自己擁有車子（自己購入），以個人的名義接案。

由於一個人要找到穩定的載運訂單並不容易，因此個人型的車主漸漸式微，現在大部分的車主都改以「倚行（uá hâng）」的形式在公司底下工作。

「倚行」是指車主帶著自己的車子加盟運輸公司，接受公司指派載貨。在此形式之下，車主的薪資通常是與公司抽成計算，而車子的保養維修也視酬勞抽成的比例來決定責任歸屬。據我所知，有維修保養費用完全由車主自己負擔的，也有共同分擔的，比例上有二八分、三七分、六四分，當然也有五五分的，視運輸公司與車主間的約定而定。在「倚行」的狀況下，因為車子是車主自己的財產，所以通常維修費會由車主支付較高的成數。

除了「倚行」，還有車子在運輸公司名下而運輸公司以月薪制的方式聘請司機的「聘僱制」。這種制度相對單純，司機領的只有月薪和獎金，而車子的製造、維修則由公司全額負責，司機不必負任何責任。

之所以必須先說明運輸公司的聘僱制度，是因為這與車子的維修和製造息息相關，也影響了拖車產業勞動者之間的關係。大型的運輸公司會一次開出比較大量的製造訂單，一般都會直接找合格的車體製造公司，而個人型的車主如果要少量製造新車，則有可能委託熟悉的師傅或保養廠跟大公司「借牌（tsioh pâi）」製造。

大型運輸公司通常由白領的業務來聯繫、下訂與驗收，無論是對車體、車型的要求，都不會直接與製造的師傅接觸，而必須透過製造廠中的工程師來轉達，而師傅在製造過程中若有任何意見，也必須透過工程師傳達給運輸公司。

這除了基於制度因素，使得下訂者與製造者必須以如此間接的方式溝通之外，也因為「白領」業務所使用的語言與「黑手」師傅不太相同，所以必須由工程師擔任「轉譯」的工作。在這種狀況下，師傅不太容易接觸到車主，可提供工作來源的人脈就比較少。

另外，受公司聘僱的拖車司機，通常會依公司規定交給製造時的製造廠或者老闆熟識的保養廠保養維修。拖車師傅曾對我說，由於這些受聘僱的司機不用對車子的損壞負責，所以容易疏於保養、開車的時候也比較不小心，常常車子底盤都是污泥、油垢，髒兮兮的。

相對於受聘僱的司機，自己擁有車子的車主，無論是個體經營或倚行，因為維修、保養都要自己負責，所以比較懂得保養與愛惜車子。而他們所送的維修廠也比較不受管制，這類車主就比較傾向找自己認識的師傅維修車子，隨著師傅跳槽而轉換修理廠的車主，也大有人在。

這類車主之所以能與拖車師傅建立起交情，是因為他們的車體無論是製造或維修，都是他們親自與拖車師傅溝通需求，比起業務員與師傅間的溝通隔閡，車主與師傅之間因共享相同的技術語言，溝通上較無阻礙。而這類車主也會因為與師傅或修車廠老闆的交情和信任關係，而委託小保養廠製造少量的新車。

車主與師傅之間的聯繫越直接，就越容易成為拖車師傅的人際網絡資產，而師傅們擁有的人脈越豐厚，受到資方的限制也就越低。

運輸產業的經營模式與師傅的工作生涯息息相關，在大型運輸公司，由於中間還有業務與工程師，師傅較難與車主建立關係，也就難以累積自己的人脈；不只如此，過去運輸業者與製造廠之間依賴口碑、信任的供應關係，隨著製造廠與拖車產業兩者的經營規模越來越趨近於現代公司的科層管理模式，兩者間的「人情」連帶也變得更弱，取而代之的是削價競爭。

運輸公司會找開價更便宜的工廠來做，製造廠因此發展出負責跑業務的職員（現在通常是老闆擔任），並且在材料上試圖壓低價格，甚至為了降低人力成本，有些工廠也試圖用細緻分工來大量生產，不再讓單一師傅完整製造一台車體。例如有段時間，新尚餘工廠要在短時間之內趕出一批為數不小的車體，由於師傅們趕不過來，所以外包給中國的製造廠製造，為此也開發出部件分開製造的模式，而零件也發展出用螺絲鎖住的可活動式零件，等部件都完成以後，才用海運運回台灣加工組裝。

這樣的作法並沒有比較節省成本，還會增加各種繁複的手續，只有在萬不得已的情況下，工廠才會運用。但由此還是可以知道，環境、景氣、運輸產業的運作制度，在在都影響了製造廠的營運方針，甚至影響了拖車的製造方式。

師傅的口碑如何傳開？

人際網絡中的耳語流通，也會成為公司、師傅被評價的機制。父親說，因為壓縮缸傾斜式的車斗，他算是這一帶比較會做的人，所以有時候會接到來自不同公司的求救電話。而這些主動聯繫父親的公司，他們的消息來源自然是四處走動的車主與同業。誰會做什麼東西、誰做得好、誰做得快，都是隨著這些人際網絡流動傳播。

同樣的，對於工廠、老闆的評價也是如此。哪家工廠的師傅能幹、做工又好又快，哪家會偷工減料、過分壓低生產成本，又或是哪家老闆開價不合理，請不到好的工人等等。對於工廠的評價會造成一種牽制效果，讓師傅們對於同一車種的造價維持在一定水平，再根據製造時間等變因產生一定範圍的造價浮動，進而產生了「行情」。只要師傅們自主維持行情、不輕易砍價，就能達到行情保護的功能。

人際網絡提供的情報，無形之中建立工廠、師傅、車廠、車主的評分制度，在同業當中發揮作用，達到工資與造價的價格平衡、也具有判斷工作品質的效果，對於從業者來說，是跟技術一樣不可或缺的要素。

人際網絡之所以能在工作現場發揮這些功能，全都是因為工匠生產模式的特色使然。[3] 師傅們由於在工作過程具有高度的自主性，所以產品形式的指定，多與客戶直接溝通，加上師傅們的工作來源依賴「口碑」，所以業內自然會出現公開的評價機制，而師傅則透過這樣的口耳相傳，來建立自己在業界的聲望。

對工作形式為師徒制技術傳承模式／工匠生產模式的黑手師傅來說，好的人際網絡確實是工作生涯重要的資產，但這麼重要的人際網絡要怎麼強化呢？

在工作環境中與人為善、偶爾交際是一種方式。父親不抽煙，也不喝酒，同事約的喝酒攤，他從不參加，下班之後總是直接回家。這樣的他，交際手法很單純，顧好手中每一筆訂單的品質是基本功，為了認識新的同業，在接到介紹來的訂單時，小砍一點價賣個人情，也是個方法。

此外，父親還有一種主動進攻的方式，說起來也是相當陽春，那就是買咖啡、運動飲料、保力達、維士比、手搖杯等飲品親自登門拜訪，就跟他沒有工作時，騎著摩托車在前鎮小港幾家工廠走動一樣。直到退休之前，父親都還維持著這樣的飲料交際工作，當我為了論文需要找田野工作的地點時，也是拜他平時經營所賜，得以隨著他的「飲料跑業務」之路走訪他熟識的大小工廠。

如今父親退休了，降低了工作量，也不需要廣泛的交際，現在的他，會帶著自己農地裡的蔬菜水果，固定與少數交情較為深厚的師傅與工廠往來，而這樣的交際，也早已不全是為了工作，純粹是維持友誼，以及農友之間互相交換農產品的活動罷了。

1 剖肉（thâi-bah），殺肉，用來比喻收購報銷的舊車、輪船進行拆解，並將堪用的零件、鋼材整理過後以二手價轉賣的行為。

2 侯念祖（1999）《以工匠為師：對鹿港小木工匠的經驗考察》。台中：東海大學社學系博士論文。

3 關於工人與工匠之間的差異，國內外有許多研究提及。統整來說，工匠是技術工人，在實作中會同時連結身體與頭腦的想像能力，並且其技術必須在實作中精進與學習。值得一提的是，家庭主婦能獨立完成一件產品的技藝，也都能成為「匠」的技藝。

03

跳槽、轉業與技術圈

師傅可以透過跳槽來學習新技術，也可以透過跳槽與轉業來累積人脈，這是鐵工（thih-kang）、西工這類在技術上具有高度共通性的產業圈特性。

我所接觸到的師傅當中，只有大約三分之一是一開始就在拖車產業工作，其餘都從其他具備類似技術的產業中轉業而來。這些跳槽、轉業來到拖車產業的師傅中，約有九成是因為同事、前同事或同業朋友介紹而進入拖車產業。而這些同事與朋友，則是師傅們在各行業、各工廠遊走之間，不知不覺累積而成的。

李仔在進入拖車產業前，從事的是廢水管線佈建工作，他在工作中用到的技巧也不出鋼材的黏接與切割，但因為工作環境常常在地下，又必須讀懂複雜的工程圖，所以對他而言，拖車製造還是比較簡單一些。雖然製造拖車也要看設計圖，而且第一次接觸時也必須從頭學起某些技術與知識，但是過去的工作經驗，讓他很快就進入狀況，習慣拖車工作的流程。

師傅的即戰力

白領工作者在找新職業時，大部分會選擇能夠活用自己既有工作經驗，並能為自己累積更多相似領域經驗的工作。同時，資方在尋找員工時，也傾向聘用具備相關經歷、擁有相似工作經驗的員工。這種具備「即戰力」的員工，在人力市場上，是最有競爭力的。

同理，在拖車產業中，我接觸的這群港都拖車師傅的工作經驗五花八門，每個人都換過不同產業、不同跑道。有的人進過造船廠，有的人製造過公車，有的人則做過建築鋼構、鐵窗等等。但製造的商品種類再怎麼分散，還是脫離不了電焊、切割的冷作（ling-tsok）技術。

在沒有證照的年代，工作經驗就是一切，工作經驗越是豐富、跳槽越是容易。擁有相似鐵工「西工」產業基礎的師傅，能大大縮短適應新工作的時間，也減少了轉業需要付出的成本。轉業的成本越低，師傅們在不同產業間流動的意願也就越高，除非對於某家公司的管理階層特別看不順眼，否則他們是很有機會從甲工廠流動到乙工廠之後再流動回甲工廠的。

前文敘述學徒及半桶師學習技術的過程時，我曾提過他們會透過跳槽轉業累積技術，來增加自己所能完成工作的多樣性，同時也藉此累積人脈。此外，前面的篇章也曾提到，人際網絡除了具有提供工作來源、建立認同、互通消息、彼此評價機制、勞動價值的保護網效果之外，同時還能為師傅建立工作聲望。

對於像我父親那樣的獨立從業者來說，唯有讓工廠都認識他、知道他的工作品質跟他所有會做的車型，才會有工廠願意主動打電話委託他工作。

剛出師那幾年，父親除了有策略地選擇工廠之外，他在各家工廠認識的同業，亦可以提供情報，讓他知道哪家工廠接了新車型的訂單、哪家工廠的工作和薪水比較穩定。就這樣兜兜轉轉，父親前後受僱於四、五間工廠，在累積了一定的技術與人脈之後，才開始轉為不隸屬於任何一家公司、流動的計件師傅。

計件師傅的好處是不必受到單一工廠的限制，接案、工時的安排、工作內容都較為自由。父親為了賺錢，選擇做越快賺越多的路徑。

沒有了公司老闆及業務接來的工作訂單，父親必須自己出去找工作，於是他過往累積下來的人脈，就在此時發揮功效。父親除了透過曾在同一家工廠工作的師傅或是過往的同事、工廠老闆得知車廠的情報與工作來源之外，他還會透過觀察路上拖車的擋泥板來得知工廠資訊。

通常剛去過維修廠或剛出廠的拖車，車尾都會掛上車廠資訊的擋泥板。父親看到有興趣的車型時，會先記下擋泥板上的名字與電話。等到他手上的案子告一段落、下一件案子還沒有著落或工作有空檔時，他就會騎著機車穿梭在小港、前鎮、林邊幾個區的大街小巷，一邊尋找工廠，一邊自我推銷。

跟白領階級的勞動市場類似，新工作常常是過往累積下來的人脈所帶來的，而師傅的工作特性則讓人脈的影響更加顯著。隨著師傅在各個工廠的流通，對單一師傅的品格和技術評價也會流通開來，不只師傅之間，老闆、業務、車主、零件商都參與在這個網絡中，形成獨特的產業圈。關於工廠的、師傅的、零件材料品質的評價就在這產業圈中交換、流通。

在訪談過程中，很常聽到一句話：「聽人家說」。「聽人家說那個老闆很會砍價」、「聽人家說那個工人很會拖」、「聽人家說哪家工廠專門在做這種車」、「聽人家說拖車產業正興（hing）[1]」……各式各樣的情報往往在每一個「聽人家說」之中，快速流通。

流通快速的消息還能帶來一個作用：評價機制與勞資平衡。哪家工廠做的車品質好、哪家修車廠的價格便宜、速度又快、哪個工廠老闆小氣、甚至是哪家鋼板比較薄、比較脆……，產業圈中每個行動者的動靜都在流通之中受到評價，薪資較低的工廠就吸引不到好師傅，打混摸魚、敷衍了事的師傅，也難以一案接過一案。

拖車產業跟許多靠技術取勝的產業圈一樣，實力和品質才是讓人衣食無虞的「鐵飯碗」。這樣的機制讓想要在產業中立足的師傅自我砥礪，也讓工廠老闆不敢為了壓低成本而亂砍價。就算受到高雄重工業日漸沒落的衝擊，導致車體的造價與師傅的薪資待遇都不如以往，但始終還能保持著較為一致的漲跌水平。

因為沒有工人，意味著沒有產出，在一家工廠至多僅有十幾位師傅的產業更是如此。為了在師傅之間維持良好評價，工廠不可能開出離譜價位，而師傅們為了自我保護，也不會亂接低於行情的工作。

跳槽與轉業帶來人與情報的流通，形成了保護機制，讓拖車產業雖然長久以來沒有法規約束，也能靠著潛規則維持產品的品質與薪資行情的穩定。

拖車產業在各地形成技術圈

人與技術的流通，還帶來了一個有趣的現象：技術圈。

在訪談過程中，我常常聽到「台中斗（Tâi-tiong-táu）」（西瓜斗〈si-kue-táu〉）、「花蓮斗（Hua-liân-táu）」這些詞彙，這些以地名俗稱的車斗型號，不僅展現了車型，也顯示出拖車產業的地域性差異。

不過，我對於這個現象也不太驚奇，因為這種強調「身體力行」的師徒制技術傳承方式，本來就會像方言一樣，因某一地區特別的需求、從業者長期習慣製作過程的傳統，或各種因緣際會而發展出不同的產品，這是沒有標準作業流程產業最大的魅力。

師傅們獨有的「手路（tshiú-lōo）」能讓他們在多年後還能認出自己打造的產品，而這樣充滿個人特色的製作流程，在特定區域會隨著時間以及技術流傳。流傳範圍受到從業師傅轉業跳槽範圍的限制，再隨著師傅與師傅之間相互影響，長久下來就會形成該地區的共通「語言」，不只對於各項機具、工具零件的俗稱、對於車型的稱呼代號會有獨特的說法之外，連技術都具有地域性。

「台中斗」（西瓜斗）、「花蓮斗」的名稱就源自於此。台中斗的形成原因不明，在我所接觸到的港都師傅中，沒人能為我解答，只有共同的形容「就是半圓形的那種車斗」，只有上方四個角是直角，下方呈現圓角狀的西瓜斗，功能跟一般常見的長方形車斗差異不大，但製作流程卻很不一樣，高雄就很難找到製作西瓜斗的工廠，根據師傅們的說法，這樣的車斗大多來自中部地區。

花蓮斗倒是來歷、功能都有很明確的區別。花蓮斗跟常見的車斗一樣具有八個直角的方形斗，但整體長度較短，可乘載的容量較小。父親說，這是早期為了因應花蓮一帶多彎的山路，讓聯結車可以更順暢過彎而發展出來的車型。這種車型可以讓聯結車整體長度變短、轉彎時所需的空間變小，也會讓容量降低，減少山路行駛的危險。

隨著北部山區的公路發展，道路變得相對寬敞平坦之後，車斗規格也慢慢往常規推移，由師傅們一台一台親手打造的車斗，因為必須符合第一線使用者的需求，所以充滿彈性與敏銳度，能快速因應需求而改變。這也是拖車產業或者說是手工產業的一大特色。

拖車產業之間沒有什麼製造技術的商業機密，一地的拖車師傅透過相互學習，讓技術在當地拖車產業社群中廣泛流傳，台灣各地流傳著同中存異的拖車製造技術，間接使技術有了區域性的特色。而在互相學習、模仿的過程中，也漸漸進行各種改良，在學習過程中，也同時改進產品的樣貌與型態，使之能兼顧安全並符合需求。

當父親說起這四十年的工作經驗，幾乎是見證拖車從引進台灣一直到今天的歷史和技術變遷史。他親身參與了優化、改良的過程，而這些與時俱進的技術並非成就於被實驗儀器圍繞的研究室中，所得出的成果也從來不可能發表成期刊論文，就連父親自己在說出這段漫長的歷程時，都只簡單用「變通」這兩個字帶過。

沒有人教，所以自己推敲作法；沒有標準作業流程可以參照，所以用自己的經驗累積出屬於自己的工作流程；不看過程只看品質，讓拖車產業的製造流程百花齊放，再根據業主需求收斂成最有效、最精簡的原則。這些原則透過關聯產業的網絡互通，加上師傅的主動轉業與跳槽，讓技術也隨著師傅們的流動而互通有無、彼此學習。所以，人際網絡不僅促使師傅習得新的技術，也創造了屬於在地的「技術圈」。

1 興（hing），指興旺、興盛之意。

第四章

技術為王道的世界

01

拖車工廠的型態與師傅的就業模式

在小港機場附近有個占地廣大的空地，俗稱為「台糖停車場」，是台糖的一塊地，只要經過，就能從圍牆外面看見像積木一樣被堆得高高的、五顏六色的貨櫃。這是各家海運公司的貨櫃集中地，由每家海運公司向台糖停車場租用，並在自己租用的區域範圍停放貨櫃。為了節省空間，就將貨櫃堆高，以爭取更多擺放數量。

時常經過此地的高雄人，對這個景象應該都不陌生，我小時候也曾經好奇地問過大人，為什麼那裡面堆了那麼多貨櫃？但除了貨櫃之外，有一個景象，是一定要走進停車場才能看見的，那就是座落在高高低低貨櫃之間的修車工廠。

保養廠與「剖肉」廠

一般人並不會走進這些保養廠，所以我從小也未曾踏足，直到要做這個研究，希望能到工廠訪談師傅，父親才第一次帶我進入這個神祕的地方。

那一天看到的景象，至今我仍印象深刻。我們的車在停車場堆高的貨櫃間左右穿梭，像是開過峽谷，然後在某個被貨櫃包圍道路的盡頭，有一個小小的、被改造過的貨櫃與一大片空地，停著等待修理的聯結車體。當時正好大雨剛停，地面顯得有點泥濘，午後灑落的陽光照得地上水窪閃亮，那家工廠的兩、三位師傅，坐在改造成休息區的貨櫃外乘涼。

這片台糖停車場裡面之所以有幾間保養廠，是因為貨櫃和拖車在此進出頻繁，成為拖車業者的一個中繼站。業主為了維修與製造之便，要求台糖允許他們在停車場裡面開設保養廠。

雙方斡旋的結果，是台糖同意提供一些空地，讓業主登記為保養廠（pó-ióng-tiûnn）營業使用。唯一的條件是，不得在停車場當中興建固定建物。基於這個條款，停車場內的保養廠都只有簡單的改造貨櫃供師傅休息，甚至連一般工廠常見的輕鋼架遮蔭棚都沒有。

「保養廠」是拖車工廠常見的一種型態，因為牌照與法令緣故，保養廠不能從事製造，只能做改造、修理、保養已經製造完成出廠的新車。不過就算如此，在修車工廠當中，也依然有很多師傅擁有獨立製造新車的技術。

這樣的保養廠通常規模不大，若有兩位固定師傅，就算是小有規模了。更有少數小型保養廠是頭家一人兼任老闆與師傅，按照自己的步調，獨自處理日常的工作量，遇到特殊訂單、急件或有大量需求時，才會延請像我父親這樣無固定受僱的師傅來幫忙。

與保養廠規模類似，但從業範圍略有不同的，是俗稱「刣肉」(thâi-bah) 的報廢車拆解工廠。這類工廠主要處理報廢車輛的拆解和整理，他們從太過老舊的車體拆解出堪用的零件和鋼材來再利用，而還保有一定完整度的車體，工廠則會在評估成本之後，整理成中古車轉賣。

保養廠與刣肉工廠都不需要太大的空間，有的車廠除了休息處、儲物間、廢棄物堆放處之外，只有停放二台車體的空地。這兩類工廠因為不從事製造，不會有天車 (thian-tshia)、平衡校正儀等大型機具，本身所需空間不大，而其所製造出的噪音、髒污規模也小，所以為了減少土地成本而遷徙的狀況也不多，大多集中在製造業、重工業廠房密集的前鎮、小港一帶。

拆車工廠的業務相對單純，也少有大量訂單，所以從工廠組織到從業人員都相當精簡。不過工廠的規模與從業人員數量，在各家之間卻也差異甚大，有的小型保養廠只有一位老闆與一位師傅（老闆娘擔任文職人員），但也有具備文職人員和現場工作人員、工作階序層層分明、總員工近二十人的大型製造廠。

在我離開研究田野的這幾年間，高雄市開發不斷，前鎮、小港區漸漸興建起商場與新住宅，對於土地的需求也增加，過去在桂林往高松一帶的路上，可以見到的稻田、養豬場與小型保養廠，現在都看不到了。

可能是因為建商想要開發成住宅而大量收購土地，也可能是地主想把土地空出來待價而沽，又或者是因為周邊住宅漸多、居民抗議工廠環境污染……，種種原因都讓小規模保養廠維持廠房的成本增加，使得老闆必須處理地租漲價的問題，也必須面對民眾的抗議陳情。在各種因素環繞之下，想要繼續經營的業者，多半會選擇遷址到更郊區的地方，而年屆退休、也無力再維持下去的，就會選擇關閉工廠。

當越來越多小規模保養廠結束營業，還持續經營的中大型工廠，就會漸漸吸收這些小廠原本的訂單。儘管許多工廠老闆總說經濟不景氣、產業沒有往年活絡，但這些還持續經營的工廠，仍免不了要擴大規模，於是近年來往林邊一帶遷移的工廠越來越多，讓林邊一帶成為新的聚集地。

小港拖車工廠的類型

至此，我們已經提及不少工廠的類型與俗稱，這些差異大多來自技術與法規。早期的工廠大多設備簡單，且交通法規對於拖車的規範還不完全，因此一間工廠能不能製造新車，其差異並非在工廠設備或制度，而是工廠有沒有相應技術的師傅。換句話說，過去的拖車工廠只要有技術好的師傅，就能製造全新的拖車。

但自從民國八十六年《車輛型式安全及品質一致性審驗作業要點》制定後，政府要求國內製造的所有車輛都必須透過合格的廠商申請安全檢驗合格的證明，才可以上路。

申請證明必須將製造好的車輛整台送去驗車廠（高雄的車輛大多送至彰濱工業區的驗車廠）進行安全檢驗，而通過檢驗的必備條件之一，就是必須與車輛的電子設計圖完全一致。

不只新造的車輛必須經過安全認證，打造一台全新的車型也必須申請製造許可，只要車體設計稍有變更，就必須重新申請製造許可。一次製造許可申請下來，動輒上萬元，所費不貲。

這項法案一通過，不僅讓拖車工廠製造的功能漸漸分化，導致某些廠家儘管有技術、有實力，卻不能從事製造工作；同時，也讓那些政府認證合格的製造廠必須多聘請一種專業人才，那就是專門繪製電子設計圖的「工程師」。

所謂的「合格工廠」，就是通過經濟部登記成「有限公司」級以上的單位，才可以申請。「有限公司」有資本額的下限，且須經過繁複的登記手續，這對於個人開設的小型工廠而言，門檻較高。再者，資本額的限制也使得個人經營的保養廠登記成為可製造新車之合格公司的可能性，大為降低。種種條件加乘之下，讓高雄的拖車產業呈現今天的樣貌。

根據蒐集到的資料，我整理出高雄的拖車經營型態如表一，透過此表，我們將能更清楚理解工廠類型的差異。

在表一，我試著用員工數、工廠模式、涉足業務及變化型態等四項指標，來分類高雄的拖車工廠。除了業務內容差異之外，不同的工廠類型也會影響師傅的工作環境以及他們與頭家的關係。

有限公司通常規模較大、設備也比較齊全，有屋頂、天車等對一般保養廠來說較為奢侈的設備。此外，有限公司因為需要大量接單、拉生意、處理文書工作，所以通常配有數名行政人員與工程師，行政人員通常由老闆的親屬擔任（大多是由老闆娘負責），工程師則是另外招聘來的、具有繪製電子工程圖專長的人員。

有限公司的老闆與一般企業社最顯著的差異，就是要花不少時間拉生意、跑

表一 小港拖車工廠類型表

	有限公司（俗稱工業公司*）	一般保養廠（俗稱企業社）
員工數	平均十五人左右	依規模大小介於一到十人之間
工廠內之人事配置與關係	• 工廠中的職員配置有：老闆、負責行政事務的文職 人員、工程師、工作現場的管理職（如廠長、工程主任等各家規定不同）、現場的工作人員（師傅、半桶師、學徒等）。 • 老闆不一定會親自管理工作現場，也不參與現場工作，與師傅間的關係也可能會相對較遠一些。	• 通常不會有管理職和文職人員，因為不會有太多文書工作，一般行政事務多由老闆或老闆娘親自處理。 • 通常廠內的職員配置就只有老闆、老闆娘（視工廠而定），以及數名現場工作人員。 • 工廠人數不多，通常就由老闆親自管理，會不會參與現場工作則視規模而定。老闆與師傅間的關係相對親近。
涉足業務	• 製造、設計新車 • 車輛維修、改造 • 整理、販賣二手舊車	• 車輛維修、細節改造 • 整理、販賣二手舊車 •「剖肉」、販賣二手零件
變化型態	• 與運輸公司結合，整合由車輛製造到貨物運輸的市場。 • 參與公家機關的車輛招標，除了一般工業運輸載具之外，也製造垃圾車等公家機關用車。	• 借牌，如果接到委託製造的訂單，會與有製造許可的工廠合作，付一些費用委託合格工廠代為送驗製造好的新車。 • 無牌，沒有「有限公司」的登記證、亦沒有企業社的登記證的修車工廠。
與客戶的關係	較常與大型的運輸公司有合作關係，故也需要透過跑業務、談生意等方式取得訂單。	與客戶間的關係較為直接，通常是與老闆、師傅有私交的個體戶。

* 工業公司（kang-giap kong-si）與企業社（khì-giap-siā）等俗稱依個人而異，每位師傅都有習慣的稱呼，此處的俗稱是我父親慣用之稱呼。

業務與客戶交涉或是建立關係。所以無論是由黑手起家最後自己創業的老闆，或是接手父執輩生意的第二代頭家，都會另設職位管理工作現場。因此，不管有限公司的老闆是否曾經當過拖車師傅，也無論他涉足工作現場的程度多深，大型的製造廠通常都會設置類似工程主任或廠長之類的職位，由資深師傅擔任，負責指揮、指導工作現場的師傅，並管理工作現場的大小事。

相較之下，一般修理廠因為規模較小，與客戶的關係較為直接，合作關係並不複雜，故也無須太多文職及業務人員，如遇類似業務都由老闆或老闆娘直接處理。一般製造廠的頭家，依據規模，也分成自己進入現場工作、以及不進入現場工作兩種，但由於製造廠的頭家都是自己創業的黑手頭家，所以工作現場都是自己管理。

兩種工廠的組織差異簡單呈現下圖，早期的

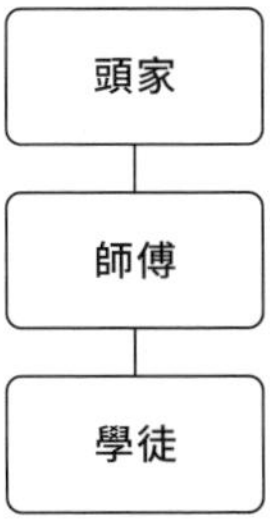

A. 一般保養廠職位階層圖

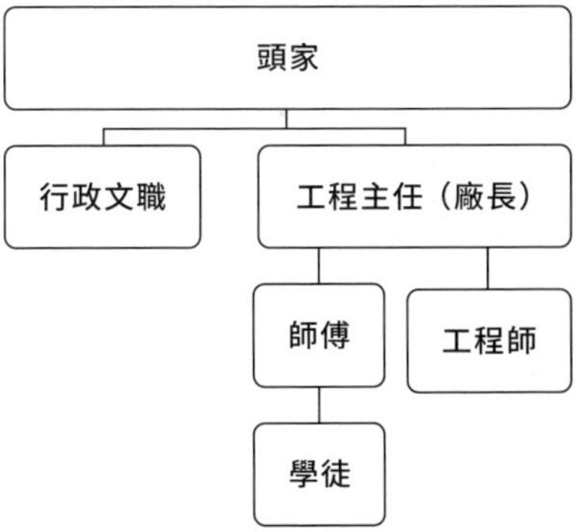

B. 大型製造廠職稱位階圖

工廠以及現在的企業社、保養廠，其中成員的關係就是類型A，稍具規模的保養廠可能會再外加一位從事簡單文書工作的行政人員。製造廠就不一樣了，不僅行政文職較多，對於拖車製造的流程也會有更多分工，例如類型B。

工廠的經營模式並非各家一致，有專門只做工業運輸載具的拖車工廠，也有些工廠是由運輸公司擴大經營範圍，不只做大型工業運輸，自己也擁有拖車工廠，可以修理、製造運輸所需的各種載具；有些工廠不只接工業運輸載具的訂單，也研究垃圾車、掃街車等公務用車的製造方法，並參與公開招標，製造政府機關的公務用車。

在一般修理廠，由於製造新車的技術並非由製造廠壟斷，而是掌握在師傅手上，所以只要修理廠的師傅擁有製造新車的技術，或多或少也會接到製造訂單。於是「借牌」的情形相當常見，修理廠製造的新車只要透過合格的製造廠幫忙送驗，便可合格上路。

另外還有一種「無牌工廠」，是指沒有任何營業許可登記、經營大宗多為「剖肉」業務的工廠。這類工廠通常規模最小，包括老闆，僅有兩、三位員工，也因此他們的客源通常都必須依賴老闆與員工的人脈。

師傅的計薪方式：計件制、月薪制與流動式

拖車產業因為製造流程上並無太多分工，以及從業者具備從無到有製造的完整技術，使得這個產業的工廠類型並不複雜，但我們仍可由此觀察到，隨著工廠規模不一，拖車師傅的工作環境也會有所差異。事實上，師傅們的工作型態，反而比工廠的分類來得更多樣。

觀察報紙上最傳統的徵才廣告，我們可以看見拖車工廠聘僱新進員工職位的稱謂都是「師傅」，但拖車製造業的勞動體制其實具有多種型態。以從業員的角度來說可分成：個人計件制、小包商、日薪制、月薪制、流動式等各種型態，如表二所示。

同樣是師傅，但其中蘊含著技術、工作態度、資歷的差異，讓同樣稱為師傅的從業人員之間表現出不同的內涵。

個人計件制通常與日薪制合併使用，這之中又分成固定工廠與不固定工廠兩種。固定工廠指的是，師傅只待在一家工廠，並在那家工廠固定工作。工廠會為這樣的師傅投保勞健保。如果有訂單，則指定工廠內某位師傅接單，依單件計酬，俗稱「貿（bāu）」。當案件規模較小，例如只需要一、兩天工時的維修整新工作，難以用計件制計算時，老闆會轉為以日薪制來委託「做貿的（tsò bāu--ê）」。

表二 港都拖車師傅勞動體制類型表

	固定公司與否	薪資型態	工作內容	其他說明
個人計件（流動）	否	• 依完成件數月領 • 每件工資依產品二萬到七萬不等 • 製造時間依產品而異	由工廠老闆直接委託製造的訂單，獨力完成。	• 工作時間自主 • 可以自己決定要不要接受委託 • 薪資差異決定於個人技術層次的高低
個人計件（固定）	是	• 依完成件數月領 • 每件工資依產品二萬到五萬不等 • 製造時間也依產品而異	由工廠老闆直接指派製造的訂單	• 工作時間自主 • 接受委託與否的自由度較低 • 同一工廠委託製造的產品有固定價格。每位固定計件師傅所領的工資相差無幾。
小包商	否	與老闆協商製造價格，包含材料與人事費用。有時候是直接向車廠接受訂單。	自行組織工作團隊，由訂購材料開始到製作完成，全部製造過程都由小包商規劃。	小包商必須自行負擔聘僱其他師傅的人事成本。
食月的（tsiah-gueh--ê）	是	固定月薪。每月約三萬五到四萬。資深的師傅可以領到五萬左右。學徒則算日薪，一天約一千三百元。	工作現場的各種事務，以及臨時進廠維修的各種案件。	半桶師、學徒、未能獨立製造的師傅皆屬此類，惟薪資的差異由技術層次的高低而定。 在廠內的一般行政職、工程師及某些工廠的廠長和工程主任也屬此類。
流動	否	計件，依工作條件附帶各種出差成本，如油資、夜晚加班費用等。	由車主或司機直接電話委託，多為緊急道路救援或路邊維修。	自己擁有簡單的生產工具，也因為生產工具的限制，故大多只做維修。

*本表內容是根據筆者2014年的調查與訪談結果而來。

如果工廠接到的訂單是常駐廠內的師傅，在技術上無法完成的，或是訂單超過廠內師傅負荷，工廠就會聯繫不固定工廠的師傅來做。

不固定工廠的師傅，以計件制來計算工資，他們做完一件委託案的薪酬，會比在固定工廠工作的師傅稍高一些，也擁有更多與工廠老闆議價的空間，但相對的，沒有工廠會為他們提供勞健保，薪資也都以現金支付。不過這種工作型態的師傅，現已不常見，因為那牽涉到技術與人脈，如果不是從業時間夠久、待過的工廠夠多，可能會因為接不到工作而使得生計不穩定。

還有一種是月薪制師傅，他們的技術可能還無法從事製造，因此他們的工作主要是幫工廠處理臨時送來維修的案件，薪資也以日薪計算，但卻是月領薪水，工時較不自主，俗稱「食月仔 (tsiàh-gue̍h-á)」，說穿了就是工廠常駐的「班底」員工。

在工廠師傅之間，他們可以明確指出誰是「做貿的」、誰是「食月仔的 (tsiàh-gue̍h-á--ê)」，而這其中的差異，主要還是以技術層次、能否獨立製造來分別。在進入工廠時，師傅可以事先與頭家協調要「做貿的」，還是要做日薪或月薪，原則上，只要雙方同意即可。

另一種俗稱「流動式」的從業型態，工作方式相當特別，是師傅自己準備一台發財車，將修理拖板車的工具器材通通放在車上。當車主臨時需要維修車輛或是不方便把車子開進工廠時，師傅就會開著發財車去現場「道路救援」。

這類師傅通常專作修理，不太製造新車，而不管車主在何時何地，只要接到電話，師傅就要趕赴現場，因此除了修理所需的材料費用之外，通常師傅也會跟車主收取油錢或出差費之類的補貼。

拖車師傅有著上述各式各樣的工作型態，我曾經詢問師傅們哪一種聘僱制度比較好？得到的卻是矛盾不一的說法，例如明仔在訪談中就表示「食月仔」的比較輕鬆，因為工作比較穩定，只要有來工廠就有得賺。相反的，我也曾經聽過「食月仔」的員工說用「貿」的比較好，因為做多少賺多少，可以賺得比較多。

另外，也有些師傅喜歡不固定工廠的受聘型態，他們認為這樣客源比較多，可以要求的薪資也比較高。但相對的，也有些師傅喜歡在固定的工廠工作，因為不用跑來跑去、不用自己去找工作來做，不僅比較安定，工作來源也比較固定。

我曾詢問父親，會不會想去當開著發財車的流動拖車師傅？他說：「那種人家叫你就要去，不管幾點、不管人在哪，那個很累吶！我才不要做那個！」

由上面各式各樣的回答可知，每個師傅對於各種受聘型態都有清楚認知，並且對於每個制度的優缺點都有自己的評價。有的師傅想要穩定的工作來源，有的師傅想要較高額的薪酬，每個人的需求不同，很難排出「較好」的工作形式。這個現象顯示出港都拖車師傅從業體制的多樣性，師傅在大部分的狀況下，都可以依照自己的意思，選擇自己想要的就業型態。尤其是在技術達到一定水準之後，無論是商談工作模式或是議價，都會有更多空間。

／02 以技術為豪的師傅

技術的重要性在拖車師傅的工作世界中，毋庸置疑，除了與生計緊密相關之外，每個人因為經驗而累積出的各異技術與生產出來的產品的可辨識度，更能為師傅帶來對自己工作的自豪感。

師傅印在拖車上的「胎記」

為什麼產品可以辨識？這一點我也覺得不可思議，我曾經在日本看過有著獨特裝飾的聯結車，又是LED燈、又是烤漆，色彩斑斕花俏而顯眼。但這種辨識度一般用於車主對於自己愛車的主權宣示，與製造的拖車師傅沒什麼關係。然而在港都拖車師傅眼中，每台自己出產的車，都有無法複製且外行人難以發現的「胎記」。

早期台灣對於拖車的規範尚未完整的時候，師傅可以應車主天馬行空的要求客製，五花八門，辨識度極高。然而隨著交通規範日趨嚴格，每款拖車的外表也漸趨相似，似乎就看不出差異了。但俗話說的好，內行看門道，拖車師傅從「焊道(hàn-tō)[1]」，就可以認出自己做的車。

焊道是指黏接金屬部件時造成的焊接痕跡，這項每位師傅從學徒時期就必須練就的基本功，就像一個人的筆跡一樣，同一個字，每個人寫起來卻是長短方圓各有不同。焊道的細緻漂亮與否，會讓整個產品的精美程度大不相同，間接象徵一個師傅的產品品質。

曾文昌在《做鐵工的人》一書中提到[2]，對於家飾業者來說，漂亮而讓人難以察覺的焊道，可能會直接影響顧客對於產品的滿意度。雖然拖車產業的產品不如家飾講究美觀，很多車主甚至不會注意車底的焊道是否美觀，但拖車師傅之間卻可以藉此來彼此評價。

我永遠無法忘記多年前的一個場景，當時高雄新建成的總圖書館剛落成不久，我跟父親一起去參觀，美輪美奐的外觀與內部裝潢，加上豐富的藏書，讓我對於圖書館的評價星星數不斷增加。然而一直沒有發表任何評價的父親，在上了圖書館觀景樓層時說了一句：「這個焊道也太醜了吧。」徹底打斷我對總圖的如潮好評。

仔細一看，原來總圖書館的觀景樓層，刻意外露成為建築外觀一部分而頗具設計特色的鋼構上，有著又粗又厚而且歪七扭八的焊道。

那一刻帶給我的衝擊難以形容，對於一間圖書館，一般人可能看建築樣式、室內裝潢，愛看書的人可能看展示書檯上的內容，或書架上的藏書種類，但對於不愛看書又對建築樣式沒興趣的鐵工專家來說，逛了一圈圖書館的評價，就只剩下「焊道很醜」。這個經驗讓我徹底相信「內行看門道」這句話，也讓我相信焊道真的具有辨識度，甚至能成為同行業者對於工程產品的評價標準。

走在外的產品，師傅可以透過看焊道，相互評價做工品質，而在工廠內的師傅們則是透過「手路」，判斷彼此技術高低。

所謂手路是指工作流程，大至車體架構先從頭往後慢慢拉，還是從兩側鋼骨開始架設，零件先裝、後裝，還是邊做邊裝，小至工作時懂不懂的留「跤路（kha-lōo）[3]」，為自己留下足夠的工作空間或者失誤修正空間，甚至連拉尺、測水平的「手勢（tshiú-sè）」，都能看出一個師傅的經驗是否老道。

不同於流水生產線上的工人，拖車師傅的工作特性，會讓他們對於自己製造出來的產品產生感情。他們能透過焊道辨識出自己的產品，更能透過手路來與同行比較。我曾問父親在路上看到別人做的車時，會拿來跟自己做的比較嗎？他說，

「當然會，而且都覺得別人做的沒他做的好，自己做的，還是看得比較順眼。」產品的可辨識度帶來相互比較的可能，而師傅們對於產品的驕傲則來自對技術的自信，這種自信心從而讓他在工作中感受到自身的價值。

對產品的感情，讓「工人」與「工匠」變得不同，這群港都黑手師傅，在我看來，比起他們自我評價的「工人」，其實更接近於「工匠」。

拿筆的工程師與重技術的師傅

在講到技術為拖車師傅帶來自豪感時，就不得不提起「工程師」。拖車產業當中的工程師是在時代與法規的變遷中，慢慢衍生出來的一種職位。在父親年輕從業時，工廠當中並沒有這樣的人員配置，但隨著交通變得複雜，大型工業載具事故頻傳，交通法規也越修越嚴格了。

根據現行交通法規，新車製造廠需要政府核可的牌照，每輛車、每種新車都要有規格化的電子設計圖，而且在設計上，也需要遵照法律規定。

要產生電子設計圖，就必須具備電子繪圖的技術，這個技術不僅需要新的工具，也需要專門的訓練過程，而這些與師傅、甚至工廠老闆一直以來所受的專業訓練卻相距甚遠。

政府為了讓車體的設計圖具備法律效力與可規範性，更是要求須由受過特定訓練、取得相關執照的繪圖師繪製。在新政策之下，拖車產業從此加入「拿筆的學徒」，亦即工程師，他們與師傅有著截然不同的背景與專業，更有著迥異的訓練方式。

事實上，老資格的拖車師傅對於「工程師」這個職位，簡直沒有一句好話。他們過去習慣沒有工程師做為中介，工作上都直接跟車主、業者或者發派工作的老闆協調，用的是大家習慣的行話，溝通的流程更是你知我知，一切從簡。但是工程師挾帶著證照、高學歷、高等教育的光環而來，又躲在冷氣房裡工作，搞不清楚現場的工作流程，因此師傅們對於大多數工程師的評價是，「只會吹冷氣」、「無效（bô-hāu）」、「講不通」。

保羅・威利斯（Paul Willis）在《學做工》（*Learning to Labour*）[4]這本書指出，工人子女認為比起專注於學業的「書呆子」，他們才是真正接觸到成人世界的工作、「真正幹事」的人，這些工人子女由此產生了優越感，從而強化了他們做為工人階級的認同，並複製了父輩的階級。而港都的這群拖車師傅，則是在與工程師的對比中，強化了「有在做」跟「沒在做」的差異，從而在與工程師的對比中，表現出優越感。

比如說，新尚餘工廠現在向師傅交辦工作、溝通車體細節的，都是工程師，但是工程師對於車體的製造，幾乎沒有概念，也從未實際操作過，甚至有些工程師在師傅製造車體的過程中，也不曾走出冷氣房仔細查看。

這些工程師在進入拖車產業之前，大多都沒有接觸過拖車的製造，所以許多基本知識、專業知識不只須仰賴師傅指導，有時候甚至連他們所擅長的電子繪圖，還必須由師傅糾正錯誤。

但偏偏在一家如新尚餘這般略有規模、且主管已經不是出身現場的公司中，工程師往往是客戶與師傅之間的溝通橋樑。有時候為了達成客戶的要求，甚至必須干涉師傅的製造過程，當工程師在課堂上所學的理論與師傅多年來的經驗違背時，衝突就會發生。

過去不需要的工作職位，現在突然冒出來，明明經驗不如師傅老道，又不得已必須對師傅指手畫腳，有些工程師的年齡甚至還不及師傅的一半。林林總總加起來，就成為工程師受到師傅質疑、奚落的理由。

我在田野當中只接觸過一位工程師阿凱，這是師傅唯一願意為我引介的工程師，因為這是他們唯一交情比較好的。

阿凱一樣是從學校進入工廠，身為「攑筆的（giàh-pit--ê）[5]」身分的他，與其他工程師完全沒有不同，但為什麼他能在「老師仔（lāu sai-á）[6]」環伺的工廠中獲得認同，讓師傅們願意與他共事並且少說兩句怨言呢？

阿凱有他自己的一套生存方式。科大畢業的他，雖然在工廠中與師傅們顯得格格不入，但他清楚認知到，就算捧著一張大學畢業證書，自己在這個行業中，面對這些老師傅，他就是個一無所知的新人、就是個學徒，所以他要求自己以「師仔」精神學習受教。他說或許是因為這種心態，才讓他得到工廠師傅的認可。

師傅們對於工程師的高姿態，表現出他們在工作場域之中對高等教育出身的工程師的不信任，在拖車的工作世界，技術是師傅唯一信奉的道理。技術的養成不易，長期累積的經驗，以及確實能被正面評價的「手路」，讓他們對於自己所持有的技術感到自豪，這種自豪感甚至可以讓他們對於學歷與證照不屑一顧。

1 焊道（hàn-tō），此為拖車師傅的實際發音，焊（hàn）應為俗音。此外，其工作語境中的「點焊」，通常會講「用黏的（iōng liâm--ê）」。

2 曾文昌（2018）《做鐵工的人：無極限的生活工法，不被彎折的意志，與鐵共生的男人》。台北：柿子文化。

3 跤路（kha-lōo），指的是為後面的工作流程預留足夠的空間，常見誤用字為「腳路」。

4 保羅・威利斯（Paul Willis），秘舒、凌旻華譯（2018）《學做工：勞工子弟何以接繼父業？》（*Learning to Labour: How Working Class Kids Get Working Class Jobs*）。台北：麥田。

5 攑筆的（giàh-pit--ê），指的是學習內容、技術背景以文書類型工作為主的人，也會用來指稱接受過較高等教育者。

6 老師仔（lāu sai-á），意指經驗年資較高的老師傅。

03 師傅的「鐵飯碗」

堅持小孩子一定要活動身體的父親，在我和弟弟三、四歲的時候，就要我們學騎腳踏車了。我和弟弟或許想不起出生到學會騎三輪車為止的記憶，但一定不會忘記第一次拆掉輔助輪的那一天。

父親認為小孩子學腳踏車根本不需要輔助輪，學到一個程度，要拆就一次兩個都拆掉，反而可以騎得比較順。但我因為害怕，堅持先拆一個就好，結果反而因為左右受力不均而騎得左搖右晃，最終也免不了在父親放手後摔跤的命運。

父親說，他們小時候是大哥帶他們去騎腳踏車的，當時根本也沒有什麼輔助輪，摔個幾次自然就學會了。沒有方法、無須理論，讓身體適應、記得，慢慢就知道了。這種學習技術的方式，叫做「默會知識」。

師傅的默會知識

在大學勞動研究課堂上，教授為了讓我們更輕易理解什麼是「默會知識」，通常是以「騎腳踏車」、「溜冰」或「游泳」等我們常見的休閒技能來舉例，這些都屬於不刻意學習就做不到、一旦經過學習就不會忘記的技術。

經過砥礪磨練而更加精進的默會知識，則會成為他人無法輕易模仿習得的武器。比如說，一般人稍微努力就能做到的「溜冰」，在日本滑冰國手羽生結弦身上還能透過訓練與鑽研，變成一連串優美的三周跳、四周跳，甚至是後外四周跳。但所有期望像羽生一樣跳出後外四周跳的滑冰選手，卻不可能透過文字或者口頭說明來習得這門技術。

衍生到勞動場域，默會知識就是那些不使用教科書、沒有被制定標準作業流程，例如使用工具的訣竅、手勢等等難以透過文字、圖像或語言等載體進行傳授，必須在一次次的練習與經驗中累積下來的工作技術與知識。

我曾經邀請師傅說明一台拖車的製造流程，但師傅卻給了我這樣一段話：

> 怎麼做……啊就那樣啊，兩隻大樑先進來，角度凹一凹，然後就開始做四邊的框啊。四邊的框接起來，就黏中間的條仔（tiâu-á）。如果是平板就差不多到

這裡，如果是斗仔，就要黏旁邊的擋板，有些要用油壓缸的，在條仔黏起來之前油壓缸就要進去啊，看是做什麼啦！(明仔)

這位師傅說得輕鬆寫意，一旁的其他師傅也頻頻點頭表示認同，但聽在我耳裡就是滿頭問號，要問的細節太多，一時之間還真不知道該從何問起。「那樣是哪樣？大樑是什麼？角度怎麼決定？怎麼凹？四邊的框用什麼做？要做成什麼樣？條仔是什麼？擋板是什麼、要怎麼做？」師傅兩分鐘就陳述完的一段話，在我這麼一個外行人心中，就能產生這麼多疑問。

然而這樣的陳述方式，卻能在師傅之間產生共鳴，因為他們長時間都是用這一套語言、這一套流程來工作的。這就是「默會知識」的具體呈現，它無法簡單習得，只能靠時間與經驗的累積才能學會。這一套除了同行以外誰都無法理解的語言，就像是父親學騎腳踏車的經驗一樣，在這個環境待久了、做久了、看久了，自然而然就會了。

這是不長期學習累積就無法擁有的知識，這類知識不僅無法用文字表述，傳授也不是這麼容易，你可以期待一位老經驗的師傅具有高超的技術，能快速又精準地完成每一件工作的委託，但你可不能期待每位師傅都能言善道、還對指導學徒自有一套心得。這一切都得從實作中體會與傳授。

動手之前先動腦

詢問拖車師傅「拖車的製造流程是什麼？」他們只會給出上面那一段簡短的答案，需要仔細追問，才能得知從接訂單到製造完成之間要經過哪些步驟，也才能知道，原來從接到訂單那一刻，師傅的工作就開始了。

在各位的想像中，拖車師傅的工作是從哪個流程開始的呢？我一開始的想法很簡單，認為他們工作的第一步驟，應該始於他們拿起工具對著材料做出的第一個動作，但事實卻不是我想的這麼簡單。

按照我原先的想像，拖車的製造流程應該是收到訂單之後，就等待公司將材料訂好送到，等材料到位之後，師傅就可以開始動手製造，完成工序再驗收交貨，這樣應該就是師傅工作的全部吧？但事實上，從收到訂單到開始製造之間還有一個計算過程，而出乎我意料的，這個計算過程是由師傅完成的。

一台拖車從訂單到開始製造的流程，可以簡單呈現為下頁圖，其中「模擬製造流程」是指師傅收到訂單車體的型號後，先簡單在腦中預想一輪所有工作流程，以及需要用到的材料、零件等等。

基本上，師傅會在這個步驟就有大致的概念，接著才開始計算精確的材料數量。師傅會根據下訂廠商的需求與業務類型，以及製造成本等要素，決定要使用哪一家的材料、什麼品質的鋼材以及數量，也會一併估算連帶附加功能所需的外掛零件。在列出具體數字與品項之後，才會交給工廠的文職人員或老闆來訂購材料。

如同前述，在真正動手製造之前，有許多需要「動腦」的工作，但是當問及師傅「拖車的工作流程」時，他們通常不會敘述到這些模擬與計算的過程。這個流程是我在田野間觀察時，不小心注意到的。當時我所在的工廠正好有新的訂單，而師傅接到老闆指示之後，便拿起石灰筆[1]就著工廠地板寫寫畫畫。我問了父親才知道，原來他們工作的第一步就是拿筆計算。

這個階段的計算過程，每個人有各自的風

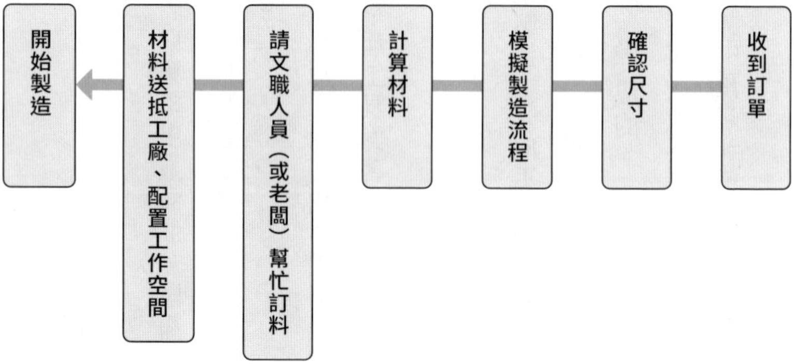

拖車正式製造前的工作流程

格，有的人在想過一輪之後，會直接拿著石灰筆就著地板一一記下；有的人稍微講究一點，會拿工廠散落在地上的紙板或日曆紙背面，用鉛筆或原子筆記錄。

就算師傅的工作是從「拿筆」開始，但也不太容易看到師傅坐在桌子前拿著紙筆一條一條邊想邊列的模樣。熟練的師傅，可能接到訂單的當下，便以極快的速度，甚至不到半個小時，就能完成計算的工作。

除了模擬工作流程與計算材料，有些師傅也會繪製簡便的「設計圖」。印象中，父親有一本用了非常久的工作記事本（過期十年皮質封面的工商日誌，某保險公司的贈品），裡頭斷斷續續記錄了他畫下的設計圖，而父親飯後坐在餐桌上畫圖的畫面，我至今仍然記憶猶新。

說是「設計圖」，其實內容也非常簡潔，大概十數筆就能完成車體的外框圖，標上長寬高等大致尺寸、焊接其他細部結構的位置、附掛零件的位置等等資訊，這樣就算是一張設計圖。整個過程完全手繪、簡潔潦草，如果在繪圖過程中使用到尺，那也只是拿來畫直線，跟比例、尺寸毫不相干。

這種「設計圖」說到底也只能供師傅自己使用，父親甚至也只在對該種車體尚不熟悉或買家有特殊要求而需要自我提醒時，才會特別繪製設計圖。這類草圖，一般都不需要經過上級或有關單位審核確認，只要師傅自己可以理解，再潦草、

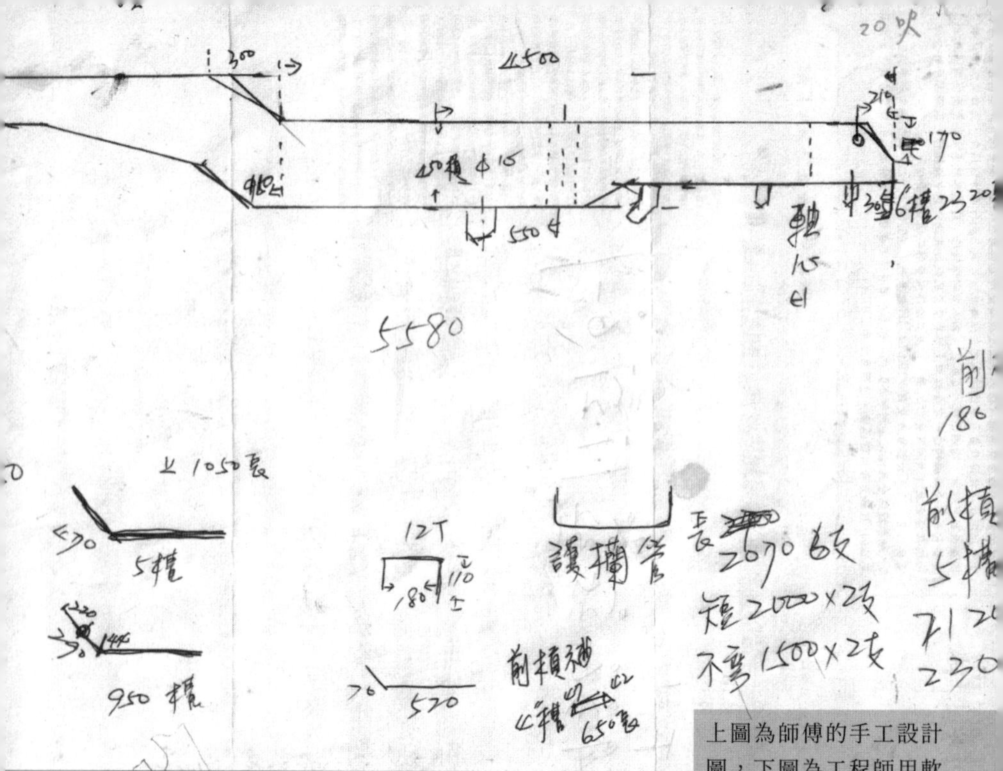

上圖為師傅的手工設計圖，下圖為工程師用軟體繪製的設計圖

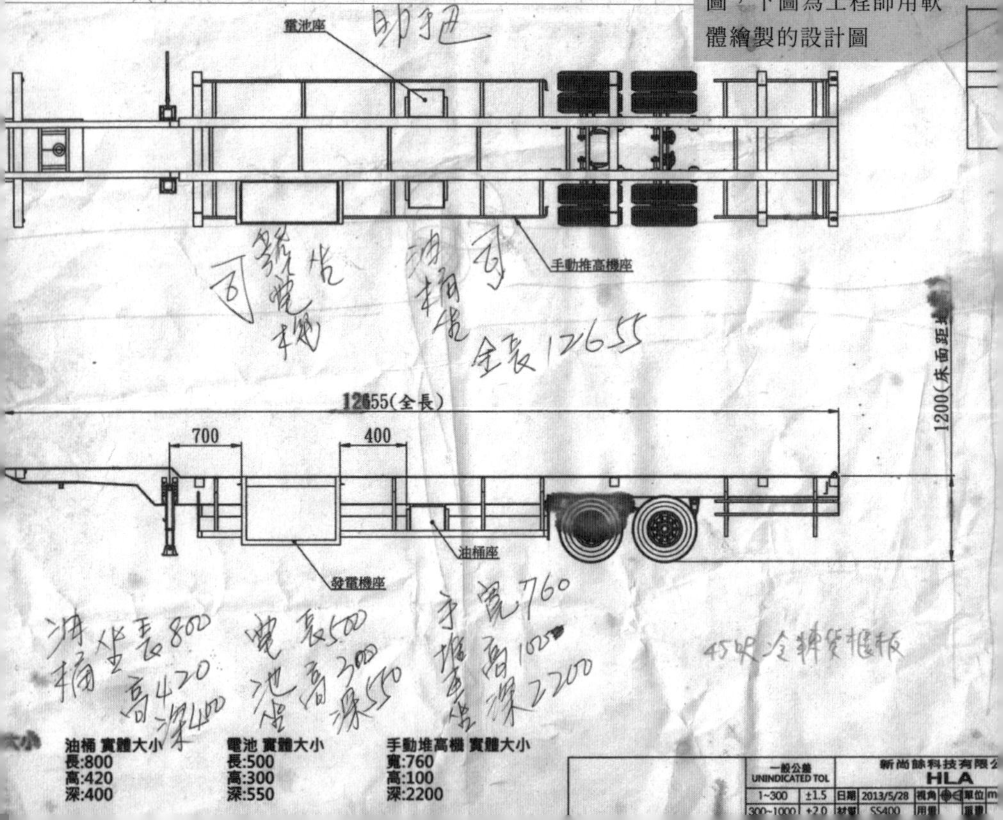

再不精確都沒有關係，繪圖、成圖的過程自然也不必太多講究。

然而師傅的手工設計圖，在法規修改之後，便改由專職的「工程師」繪製，繪圖的工具以及圖載資訊都變得更加複雜，漸漸成為師傅做不來的工作。

「劃地盤」

材料送到工廠之後，師傅還要根據產品尺寸和可能需要用到的機具，來規劃自己需要的工作空間和材料放置的空間。

由於拖車車體沉重龐大，就算只有外框，一旦把框架搭起來，直到完成之前可能都沒辦法再次移動；而沉重的鋼材一枝一枝地移動都需要天車輔助吊掛，因此需要預留前後左右移動的空間，還有師傅工作所需要使用的焊接機、切割機等機具，也都需要擺放的空間，所以足夠且可供機具在各師傅的工作廠之間順暢移動的空間，就會成為師傅的課題。

比如說師傅會思考這筆訂單一次要做幾台車，如果工廠中還有其他正在進行的工作，那這些訂單要交給幾位師傅同時來處理？位置要怎麼安排，才不會在工具與空間使用上跟其他車體工作發生矛盾？只做修理的車，是要放在工具使用比較不便的工廠內側角落？還是因為修車工時較短，所以放在方便進出的門口附近比較恰當？

若是只能放兩、三台車的小工廠，這方面的問題就不大，但如果是較具規模的工業公司，可能同時有六台車、六組師傅在工作，這時候彼此的溝通就很重要。尤其像我父親這樣不屬於單一工廠的「外掛」型師傅，為了讓這個階段順利進行，就算不是他長期固定的夥伴或是頻繁接觸合作的師傅，也要注意日常的人際關係。

只要溝通順暢、師傅之間培養出一定的默契，這個流程就可以瞬間完成。我目睹到的案例是，師傅從接到訂單到完成訂料，幾乎在半小時以內就可以完成了，而師傅在請辦公室的文職人員下訂材料的同時，也已經跟「左右鄰居」預約好想要的工作空間了。

我所接觸到的幾家鐵工廠，都不太有爭地盤的問題，各個師傅獨立工作、不礙到彼此，也就不太容易互相刁難。通常師傅在為自己規劃空間時，也會預留足夠的空間給他人，而要能很快判斷自己需要多少空間、要留給他人多少空間，以及規劃機具工具可以「走」的路線，就相當仰賴師傅對於各種車體製造流程的認識與理解。

說到底，車體雖然龐大，但用成人步伐來說，也是十來步的事，長寬高都有一定規格，師傅所需的工作場域，就只有整個車體結構外加一個成年男性可以蹲下、走動、頂多放置中型機具的空間而已。要造成離譜的紛爭不容易，遇到談不攏的地方，就請老闆仲裁，只要熟悉工作流程並對彼此的工作模式有所了解，工作空間的相互協調，對師傅來說，絕對不是難事。

工程師與工料測量師

師傅重視「動手」的技能，看一個師傅的工夫，就要看他工作的「手路」，但是手路固然重要，這些計算模擬，事實上也左右了一台拖車製造所需要的成本與時間，至為關鍵。

對我來說，師傅們真正厲害之處，具體呈現在他們開始製造之前的模擬工作，而這些可能是師傅覺得不足掛齒的日常工作。這讓我想起在學日文時，日文老師要我們用日文介紹父母親的工作，對我來說，要跟同學介紹拖車師傅這項職業始終是件難事，更何況要用日文介紹。

但當我跟日文老師簡述父親的工作內容後，老師說可以使用「エンジニア」(engineer)。初聞這個說法，我內心有些衝擊，這群師傅對於自己的工作簡直沒有一點好話，常常說沒三句，就開始貶低自己，但事實上他們自己大概也沒想到，他們的工作在外人眼裡可以用「工程師」來形容。

我曾經在網路媒體《換日線》中，看到一篇工料測量師（Quantity Surveyor）的報導，大意是在建築世界中，被稱為 Quantity Surveyor 的專家，必須在施工前做好整棟大樓的建築材料分配、規劃與估價，工作內容與負責設計規劃的建築師、負責監工建造的工程師相輔相成，這種被稱為「建築界會計師」的專家，據說是全球瘋搶的人才。而在台灣，該篇文章說，就算是已經發展到頗有規模的建築界，也未必能有這樣的精密分工，台灣建築業當中的建築師、工程師，依然必須擁有十八般武藝，包辦一個建築案件中的大小事。

這一篇文章之所以讓我印象如此深刻，是因為我立刻與自己的研究做了連結。為什麼台灣會有這樣分工不精密的特性呢？除了業者希望壓低人力成本之外，我猜很大一部分是源自於傳統師徒制的人才培育方式，這種影響台灣工業化進程的人才培育傳統，就是希望培養出一個從無到有都能獨立作業的全才。

製造出一台拖車當然不比蓋一棟要防水抗震、通風採光機能良好、動線俱佳的房子來得複雜，拖車結構單純，再怎麼複合，也就兩、三種功能，所以拿拖車師傅的工作跟建築工作者類比，有失公允，但這些製造拖車的師傅，也是在製作過程中必須兼任 Quantity Surveyor 的全才型從業者。

如果真的要把這麼新穎的全英文拼寫出來的職稱套用在父親和其他師傅身

上，搞不好他們還會第一個不同意。那些完成工作所需要的隱性成本，包含經年累月的訓練及經驗積累，包含他們從未正視過的那些計算、評估過程，我們這些外行人再如何讚嘆驚訝，他們大概只會說一句「無啥啦（bô siánn--lah）」，然後一笑置之。

1 石灰筆，台語俗稱石筆，常見用於水電、鐵工、木工、建築領域工程做記號用的筆。

第五章

做師傅就好

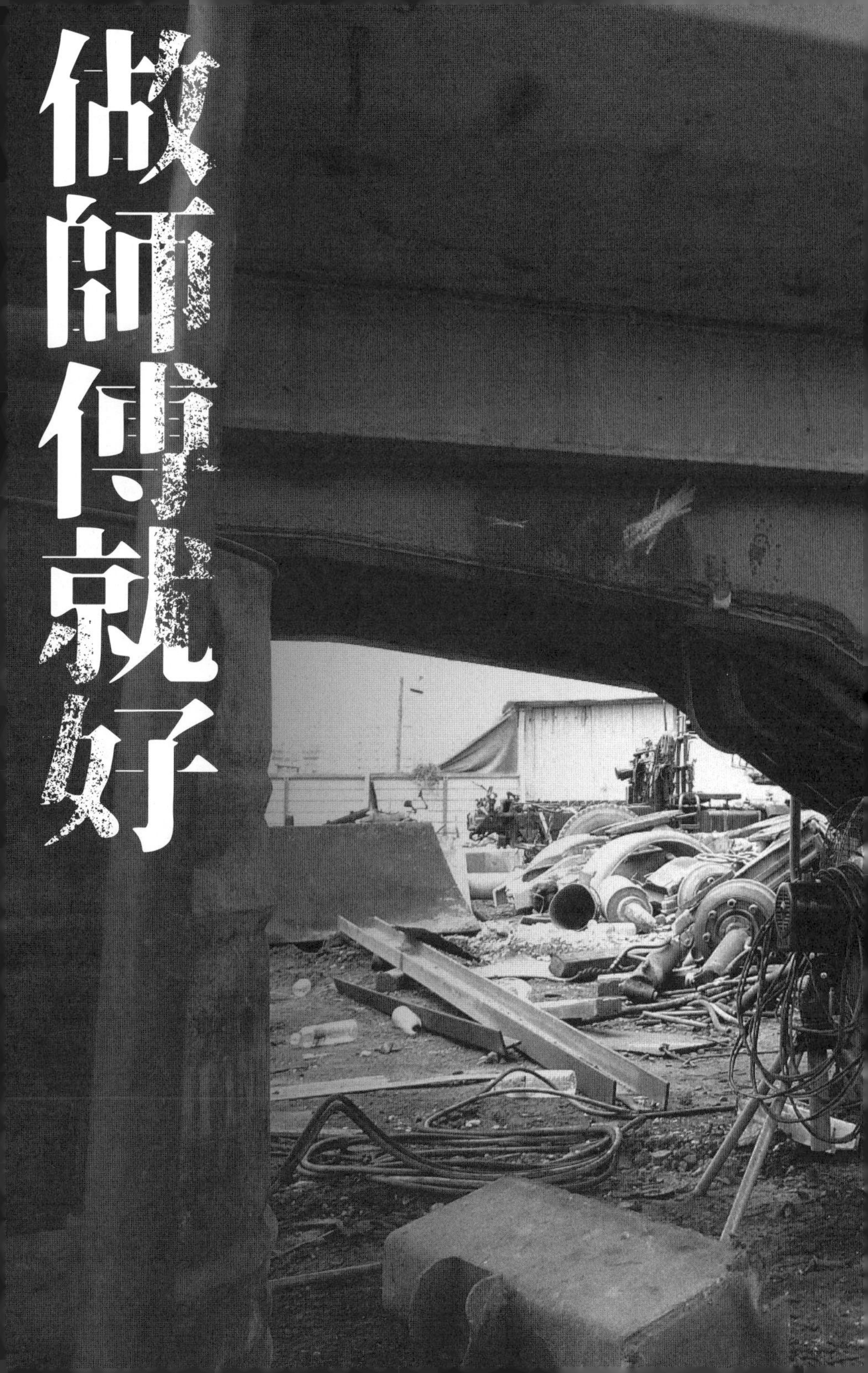

師傅與頭家

/01

某個農曆年，父親在飯桌上說他從一家「剖肉」工廠老闆小胖那邊拿到一大包紅包，是一萬元現金。據說過年前後，在小胖工廠的每位員工都能拿到這個紅包。過去小胖常常遲發父親薪資，所以這次小胖的大方出手，讓母親也不禁感到驚訝。看到我們訝異的表情，父親笑著為小胖說話，說他平常並不是故意拖欠薪資，就只是遲發而已，而且在這種年節時刻，他絕對不會小氣。

只是對於拖延薪資的老闆，父親可是有很明顯的差別待遇，我曾看過他某次到一家工廠要薪水又沒拿到全額時、碎碎念罵人的模樣。好一段時間，只要講到那位老闆，父親的語氣都帶著不滿。李仔也曾經氣呼呼地跟我提起某家製造廠的第二代老闆，老愛隨意砍價，很不上道。

交陪

事實上，老闆與師傅之間的人際關係，直接影響他們在工作上的互動。

記得某一年父親受邀參加一家工廠的尾牙宴，但父親興趣缺缺，問他原因，他說因為平常沒有在「交陪 (kau-puê)」。

雖然「交陪」這個概念，也適用於應酬、一起玩樂的意思，不過在父親的語境中，指的是一般性的往來，例如逢年過節的問候、偶爾的噓寒問暖，甚至是在彼此有需求的時候，盡自己的力量相互協助。這不僅是雇主與受聘者的關係，還包含了朋友之間的情誼，以及身為同業者之間的義氣。

「交陪」完全可以解釋為什麼父親對於小胖如此寬容。父親與小胖有著長年的交情，小胖常常在父親沒有訂單、沒有工作時，二話不說支付日薪讓父親去他的工廠幫忙，而父親就算手邊有其他工作，在小胖需要趕貨時，也會空出假日時間，為小胖加班趕訂單。

工作就是為了獲得薪資，而對於「拖欠薪資」的容忍程度，則具體反映了頭家與師傅之間的關係。顯然，常常往來的、意氣相投的，在關鍵時刻可以互相扶持忍讓的師傅與頭家，會出現超出單純聘僱關係的情感。

根據我的觀察，聘用人數較少、人員結構比較單純的小工廠，因為工廠老闆與師傅之間的互動比較直接，甚至會一起蹲在車底下工作，因此也就比較容易產生出不同於單純僱傭關係的情誼。

相比起來，第二代頭家或大型製造廠的老闆，因為較少直接面對師傅，比較沒有機會與師傅「交陪」，師傅就會單純以受僱者的姿態來面對他們，所以若遇到殺價、欠薪或是不合理的工作要求，師傅或多或少都會有抱怨或抵抗的行動。

鬥跤手

說明師傅與頭家之間關係的，還有一個有趣的台語詞彙——「鬥跤手（tàu-kha-tshiú）」，這是幫忙、當幫手的意思。在這個詞彙的語境中，還包含了地位平等、義氣相挺的意思。

在師徒制仍普遍的年代，頭家、學徒與師傅之間往往會透過私生活的照顧與長年的日夜相處，發展出類似父子的師徒之情。而當學徒成為師傅之後跳槽到其他工廠工作，甚至是自己開業，除非鬧翻，否則與原來照顧過自己的頭家或師傅都會維持一定的情誼，在彼此有需要的時候，相互協助。

拖車產業無論是人才培育或是製造流程，因為師徒制的色彩濃厚，因此主要的從業人員在從業心態上，也大多延續了那樣的心態。正因為拖車師傅手中掌握的技術直接等於生產力、也掌握了工廠能否順利經營的命脈，所以師傅與頭家之間比起其他分工更精細的產業，有著更為平等的關係。師傅認為自己是來為頭家「鬥跤手」，而頭家對於師傅也會有類似的想法。

「鬥跤手」的認知，要能順利運作，關鍵在於頭家必須持續在現場與師傅一起工作，但這樣的工作模式，除了在極小規模的保養廠之外，現在幾乎已經不常見了。先不論第二代頭家的製造廠老闆，就連曾經當過師傅、後來自己開業的頭家罐仔，現在也完全不碰觸現場工作，只負責監工。

長期離開現場工作的老闆，與一直待在現場的師傅之間，就算信任關係再怎麼濃厚，頭家再怎麼了解師傅的心態，難免還是會產生磨擦。我接觸的一位師傅明仔，他的前一任老闆就是教導他拖車製造技術的人。兩個人共事了十幾年，關係深厚，因此明仔的師傅獨立開業之後，也把明仔找到自己的工廠幫忙。在規模還小時，兩人共同努力，配合得相當順利，但隨著老闆一方漸漸遠離工作現場，磨擦也逐步發生。合作十餘年的兩人，最終大吵一架，拆夥收場。

說起拆夥的原因，明仔說是因為自己的意見沒被尊重。在老闆遠離工作現場的同時，明仔隨著技術不斷精進，也發展出更新的技術與工作流程，因此與老闆的認知漸漸有所不同。當老闆不自己動手做，又看不慣師傅的作法時，就會發生衝突。明仔與他師傅之間，是以明仔跟師傅說「不喜歡就自己下來做」，而將這段長達數十年的合作關係畫下句點。

「不喜歡就自己下來做」是師傅抵制老闆的大絕招。明仔因為師傅對他的工作流程指手畫腳而感到不滿；李仔因為工廠老闆隨意砍價而生氣。師傅由於「技術的獨占」而在勞資關係中掌握了一定的籌碼，進而在與頭家衝突時得以自保；師傅除了可以藉由這項武器維持行情價之外，也在這樣的互動中，保持了自信與尊嚴。

從師傅們的言談中，可以發現他們對於自己身為現場實作者的認同感，是相當強烈的。實際上不只明仔，我接觸過的好幾位師傅，都會用略帶戲謔的語氣提起不懂（或是不再接觸）現場工作的頭家。

我的父親，也曾經因為工廠負責訂購材料的文職人員為了節省原料支出，訂購了與他要求不一樣的鋼材而罷工。父親認為那種鋼材太過堅硬，不僅在塑型的時候難度很高，會讓工程變得困難，同時也會因為柔軟度不夠而容易斷裂。

父親屢屢向工廠管理階層抱怨，卻沒有獲得回應，最後他選擇罷工，將未完成的工作擱置，直到交貨底線將近，最後是工廠管理階層回應他的要求，並請他回到工廠完成工作。

無獨有偶，父親還曾經捨棄一家工廠的訂單。那家工廠的傾卸式車斗過往都固定找父親製作，雙方早有認同的公定價格。然而，某一次工廠開出的價碼低於往年，父親認為落差太大不願妥協。原本預計大年初四開工的訂單在初二仍未談妥，父親在飯桌上說，如果初三還沒接到電話，他就要放假到初九，然後去別家工廠做了。

母親問父親：「怎麼不直接打電話過去問？」父親生氣地說，如果他自己打電話過去，工廠那邊就會囂張了，到時候工資就會隨便工廠方苛扣了。母親擔心對方會改找其他師傅，父親只回了一句：「找別人就找別人，我在理他們？！」

那家工廠最後並沒有打電話給父親，父親自然沒有接到那筆訂單，而父親也正如他的宣言，初九之後去了認識的保養廠幫忙，以日薪計價。日薪的收入當然大不如那筆訂單，但這是父親為了維持自己的工作行情與工作尊嚴所做出的抵抗。

這也是許多師傅慣用的手段，比如明仔也跟我說過他與老闆談價的過程。他說談價過程中如果由老闆先開價，師傅就會評估這個價格在他過去的經驗能不能「過工（kuè-kang）」[1]，如果老闆開的價格師傅不滿意，而老闆又一定要這位師傅來做，就會讓師傅自己開價。

明仔說，如果師傅感受到老闆真的有困難，也會適度妥協減價、相互退讓。這樣的退讓就容易讓師傅與頭家之間產生不同於單純聘僱關係的情誼，成為「交陪」的一部分。

然而，如果老闆談價時誠意不夠，師傅察覺對方只是單純想要壓低成本，就會像我父親那樣採取比較激烈的抵抗手段、放棄那份工作。

其實，父親在大年初二的抵抗雖然讓他失去那筆收入，但並未讓父親與那家工廠從此斷了往來，因為父親的技術是一種籌碼，讓那家工廠不得不與他維持一定的合作關係。

從師傅與老闆之間的互動可以觀察出，雙方在技術提供者與薪資提供者的立場中，相較於一般僱傭關係，有著更為平等的對話空間。師傅之所以能夠透過罷工來維持行情，是因為師傅擁有「技術」這項資產，越是技術高超，越是不怕遇到不合理的砍價。

工廠老闆必須仰賴師傅獨特的技術，才能完成客戶的訂單。懂得尊重師傅的頭家，不敢將師傅視為單純的員工或自己的下屬，只要師傅夠專業、不會在工作中隨意敷衍，老闆都會盡量尊重師傅的工作方式，給予相當程度的自由，讓師傅在工作場域中，保持一定的自主性。

師傅與頭家口中「鬥跤手」一詞，包含了雙方透過各種方式「交陪」的情義，也象徵著師傅在工作場域中對自身技術所產生的自豪感。

師傅在工作場域中，對頭家都能如此「硬頸」，更不用說我在前面章節提過的，在面對工廠的文職人員時，例如工程師，他們更是充滿對於自己身為「師傅」、擁有實際生產技術的驕傲。

這份驕傲與自豪感，很大程度建立了他們對於「師傅」這個職位的認同。讓師傅在「繼續當師傅」或是「變成頭家」之間，有了更多的選擇，許多師傅不會為了掌握更多話語權或自主性而選擇自己開業。

我在研究過程中注意到有的師傅想望著自己開業「做頭家」，有的卻甘願只做師傅就好，雖然各人志趣不同，但他們的選擇背後都有一連串的評估與思考，下一節，我們將深入討論師傅選擇向上流動與否的背後原因與考量。

1 過工（kuè-kang），指得到的酬勞跟付出的工時相比是否合算。

02

黑手不想成爲頭家

我曾經在一次訪談中，聽見一個令我有點意外的故事。受訪者是經營著小有規模工廠的老闆，他與我父親在年輕時就認識。他在我父親從業將近二十年、技術與工作態度在高雄業界已有不錯的評價之際，詢問父親要不要跟他合夥開工廠、一起當老闆？沒想到，父親沒有太多猶豫，就斷然拒絕了。

這個故事構成我從事這份研究的兩大核心謎題之一，也促使我決定著手挖掘父親的工作史。這兩個謎題其一是「師傅為什麼不想成為老闆？」另一個則是「為什麼師傅在工作中展現了這麼強烈的自豪感，回到家中，卻在孩子面前貶低自己的工作，不願孩子走向與自己相似的從業路徑？」

本書至此為止的鋪陳，都是為了回答第一個謎題，因此我想先談談為什麼父親拒絕成為老闆會讓我感到意外。

黑手變頭家的年代

「追求自我實現、在工作中找到自己的價值」，這番對工作意義的論述存在已久，直到今日，也還是許多人對工作的看法。

在資本主義大行其道的現代社會，工作往往成為人們生活的重心之一，在工作中實現自我價值，當然也成為重要的課題。我們會嚮往白手起家最後成為大老闆的故事，即便在組織中工作，我們也會評估組織結構、考慮這份工作能帶給自己未來多大的升遷管道。

許多人對工作價值的判定或評估自我實現的標準，就是以能夠「往上爬」到什麼地步來衡量，幾乎沒有人能免俗。

關於這個「往上爬」的論述，早有許多精彩的研究，例如社會學者謝國雄筆下台灣的六〇年代[1]，各種製造產業如雨後春筍般發展，中小企業林立、一片欣欣向榮。這時候台灣社會的主旋律是「拍拚出頭天（phah-piànn tshut-thâu-thinn）」：原本是黑手的製造業從業者，為了追求更高的階級位置，透過努力工作累積資本而建立屬於自己的小工廠，由受僱者躍身成為「頭家」。這個現象簡要而明確地被謝國雄的文章期刊名稱描繪出來——「黑手變頭家」。

只要觀察那段時間台灣的經濟數據，就可以輕易得知謝國雄觀察到的現象，確實存在，而且這樣的現象更一直延續到二〇〇七年李哲宇論文中的機車修理產業。[2]儘管到了二〇〇七年，製造業在台灣已經日漸式微且接近飽和，但擁有技術的黑手工人，如修理機車的師傅，仍然對於一技之長等於鐵飯碗，以及「黑手變頭家」的想望深信不疑。

一個是工業發展如火如荼的時代，一個是代工產業衰微、工廠外移、製造業逐漸式微的時代。兩位研究者同時看到的，是製造業工作者試圖在工作中建立「認同感」的過程，透過成功的社會階級轉移，來得到外在的認同，並透過這種被認同感建立了自我認同。

「男性就要做大事業！」謝國雄與李哲宇筆下那些成功變成頭家或正努力成為頭家的師傅們，以這樣的心態為驅動力，堅持走在漫漫的職涯道路上。

不僅過去第二級產業的師傅嚮往成為頭家，現在第三級產業的從業者又何嘗不是如此，廚師、咖啡師、手搖飲料店員、美髮師、美甲美睫師、設計師、工程師、文字工作者、影像工作者等等，許多人都以自己開業或成立工作室為目標。努力讓自己從勞方變成資方，大概是台灣勞動者跨越時代共同追求的自我價值實現手段。

轉業、繼續當師傅或變成頭家？

公務員或白領員工，只要從業的地方有一定的規模，都可以看見自己於層層組織中所在的位置，也能清楚評估將來自己可能升遷到哪個位置。基層員工、小主管、中階主管、高階主管、公司經營者，個人在分工精細的組織工作，可以為自己未來的二十年、三十年規劃進路，根據自己的工作能力、資本、人脈資源等條件，決定自己要走到哪個階段。

但在拖車產業，師傅們的選擇非常簡單。在拖車產業持續從業到一定程度之後，他們對於未來的思考只有三種：轉業、繼續當師傅或者自己經營一間工廠當頭家。

其實不僅限於拖車產業，許多以師徒制做為人才培育管道或是工作內容依賴從業者個人技術的產業，從業者在社會流動層次上的選項，大致都一樣單純，汽機車維修的黑手師傅、木工匠、美容美髮師或現在流行的咖啡師，都是如此。這類產業師傅的從業類型，大致可以透過自雇受僱、是否擁有關鍵生產工具來分成四大類型，如下表所示。

	自雇	受僱
有生產工具	I	III
無生產工具	II	IV

在技術類產業中，想要達到階級向上流動，大抵只能選擇成為頭家。至今仍然支撐著台灣經濟的眾多中小企業，以及隨處可見的小型商店，就是在這種主旋律之下發展出來的。不過在如此風行、至今也未曾退燒的主旋律當中，我的父親以及我所看到的港都黑手師傅，卻譜出了不一樣的樂章。

我詢問父親為何拒絕當頭家？他如此回答：

自己自由自在的，為什麼要開工廠？開工廠當然比較累，你請師傅進來，有時候可能沒有工作給人家做，還要負擔成本。若你自己一個人，有多少就做多少，也不用煩惱沒有工作，但你請師傅就還要去找工作給師傅做，那不是「加添的（ke thiám--ê）[3]」。（父親）

做小頭家也要看你有什麼門路，有時候也是要從頭開始，不是說要做就做，也是要重新摸索，比如說你現在不上班了，想要去開一間小吃店，一開始也不會很順序（sūn-sī）[4]，你也一樣要從頭開始、用心經營啊，做什麼都一樣啦！（父親）

農村長大的父親，小時候生活環境不佳，導致他習慣穩健保守的生活方式，這很明顯表現在他不喜歡貸款、借錢，若要花大錢買東西，傾向先存好所需資金再出手購買。比較保守的資金觀念讓父親傾向尋求安穩的生活而不成為頭家，似乎也是情有可原。但是，隨著我對港都拖車師傅的挖掘越是深入，就越是察覺這並不是個別的現象，尋求安穩也不是師傅不願成為頭家的唯一原因。

我的受訪者共有十七位，其中有二位頭家、一位工程師與十四位拖車師傅。這十四位拖車師傅當中，從事拖車產業最少年資為一年、最高為四十七年，在這行超過二十年的，共有十一位。

這些資歷二十年以上的師傅，他們在從業生涯當中，或多或少都面對過一、兩次要不要成為頭家的抉擇，而他們都拒絕了（或失敗了）。無論是拒絕或失敗後不再重新創業，他們都決定以「師傅」的位置做為自己工作的最高點。

排除工程師，十六位受訪的拖車師傅當中，有十四位沒有意願成為頭家，不低的比例讓我理解到，「成為頭家」在這群港都黑手師傅心中，不一定是最佳選項。

隨著一次次的訪談、深入了解他們的想法後，我發現許多師傅並不像我一開始對父親的想像那樣，只是一味地尋求安穩的生活。在決定「不」成為頭家之前，他們展現了相當理性的策略思維，也歷經了各種評估與審慎思考。

根據父親以及其他諸位師傅與頭家的說法，我整理出師傅成為頭家必須面對的四大難關，那就是資本、人脈、個人特質以及對員工的責任，這四項要素至為關鍵，缺一不可，若是其中一項遭遇阻礙，師傅就可能無法或不願意成為頭家。

資本：「啊就無錢啊（Ah tō bô tsînn--ah）」

資本大概是師傅最先考量到，也是我們最容易想到的首要限制。

拖車的車體相當龐大，我到訪過的拖車工廠，最小的可以同時停放三台拖車，最大的可以停放十數台，如果工廠要能進行製造工作，那麼首要條件就是擁有占地廣大的工廠。同時，為了調動沉重的鋼材，也須配備能夠懸吊重物的起重機（俗稱天車），除此之外，切割、黏接鋼材所需使用的切割機、CO_2等等都是耗材，光是廠房機具所需的資本額就不小。

拖車雖是高價商品，一台四十呎的車斗造價約五十萬，但生產成本也相當高昂，其中絕大部分都消耗在製造拖車的鋼材及零件，光是這部分就占去收入的五分之三，而給師傅們的工資約占十分之一，剩下的利潤必須負擔工廠租金、營運耗材、文職人員的薪資等等。

由上可知，無論是工廠機具或材料，都是一大筆開銷，開設拖車工廠的高昂成本，並非一般拖車師傅可以輕鬆負擔的，若非資金雄厚或一開業即有管道可以大量或穩定接單，必定難以支撐營運。

人脈：「有人叫我出來做」

任何人想創業，都必須先找到工作來源，拖車產業自然也不例外，在這個產業中，許多工作機會都來自人脈。當過老闆的李仔、以及現在是老闆的罐仔，都不約而同說起創業的契機是「有人叫我出來做」。

罐仔在學了幾年拖車技術後，曾經一度想轉換跑道去當雞隻中盤商，但是一位業界前輩勸誡他都已經學會這項工夫了，若是轉換跑道，就要重新學習。罐仔說：「所以我又縮回來做車體。做車體就是同樣這一途，就是一開始做過的那個。」勸誡罐仔的這位關鍵人物是一位車主，他甚至願意將自己的一塊空地填平填高租給罐仔做拖車工廠。

車主是拖車廠、拖車師傅唯一的顧客，與車主之間的關係無疑是師傅工作來源的保障。有些車主習慣給某位師傅修理車子，不管師傅跳槽到哪家工廠，只要價格差異不大，他們都會跟著師傅轉移到不同的修理廠，有些車主甚至跳過工廠聯絡人，直接與師傅聯絡。

事實上，在拖車師傅考量是否要創業時，車主扮演著重要的角色。若有車主願意提供固定的拖車訂單或維修案件，拖車廠的起步就會順利許多。不只罐仔，現在是修理廠老闆的板台忠，當初也是因為有位車主願意將維修案件都交給他，他才能順利從船上的機具維修技師轉而創業成為拖車保養廠老闆。明仔的師傅當初也是因為獲得幾位熟識的車主支持，才得以開設一家小型製造廠。

至於明仔本人，三十六歲的他，也不諱言未來想要自己開工廠當老闆，他說找地、貸款都沒什麼困難，最大的難關還是客源：

司機也不認識、做板台的老闆也不認識，要做到哪裡去？就沒有客源啊，我們不像有牌的（有營業執照的工廠），有牌的，人家就會自己靠過來。這些東西弄下去差不多要兩、三百萬，兩、三百萬最少也要做半年以上，我們是有認識工人、師傅，但是不認識老闆、不認識司機……很困難啦。（明仔）

從這段談話中可以看出，對師傅來說，創業最大的障礙就是客源，能否撐過創業初期，就看有沒有穩定的客源，而扮演客源最重要角色的就是車主（拖車司機或車行老闆），也就是人脈。即便不創業，對每位拖車師傅來說，人脈無疑亦是保障工作來源的要素。

除了車主之外，任何與拖車產業相關的人，都可能是師傅工作的來源，包括共事過的同事、老闆，甚至是提供材料貨源的材料行老闆或送貨員，都是師傅的人脈。我的父親就曾經因為材料行老闆的介紹，接觸到一家陌生的新工廠，至今都還能接到那家工廠的訂單。

人脈的累積並不容易，儘管明仔在大規模的製造廠工作，他還是很難接觸到車主，因為接洽訂單的都是業務員，修車廠也都是直接跟管理階層下訂單，因此師傅接觸到車主的機會少之又少。若非如同我父親四十餘年長期累積下來的工作經驗，現在的年輕師傅實在難以認識幾位車主，自然就會擔心客源不足。

個人特質：「做頭家哪有那麼簡單」

除了物質條件和人脈之外，師傅要成為老闆還有一個必須克服的條件，就是個人特質。

在拖車產業中，當頭家所需要的特質與做好一名師傅是截然不同的。頭家必須跑業務、與客戶斡旋、管理資金、設備及人力、與公部門打交道，此外，對於師傅的製造工作與文職工作，都要有一定的知識和處理能力。

麒仔就認為頭家跟師傅工作的本質不同，師傅只要面對車體與材料就可以了，但頭家是一種服務業，接工作、經營管理都必須動頭腦，不是任何一位師傅都能勝任的。而明仔底下的這段話，非常能代表師傅認為頭家應有的能力：

做下去就要請牌（申請執照）、叫料、還有薪水。還要聘人、還要租地，齁，費氣（huì-khì）[5]啦！而且要當老闆，最基本的，就是要有自己的得力助手。像那種麻吉的，兩、三個、三、四個，願意挺你的，那種你接了工作，他們就願意拚出來給你的，這樣才做得起來，不然很難做啦。（明仔）

頭家與師傅在面對業主時，他們的立場也有微妙的差異，明仔對此就有所體認：

因為我們現在是師傅，所以車主來可以跟他說這裡怎樣怎樣、那裡怎樣怎樣，但如果是頭家，車主來在講什麼，你就不能這樣了，你就要說好、對啊，但是怎樣怎樣改進？就不一樣的應對啦。如果是師傅，車主這樣，你就可以跟他反駁這個東西就這樣！那個東西就那樣！你可以把你的專業知識跟他說。但是做頭家就不能這樣說了。（明仔）

在工作場域當中，能不能對業主就事論事、直言不諱，都因為師傅與老闆的角色不同而有所變化。在之前的篇章，我們曾經提到師傅對於長期不待在現場，而導致對實務工作現場判斷失靈的頭家常有微詞，甚至有點輕蔑，但從這段訪談當中，我們可以觀察到，事實上，師傅很清楚頭家在拖車製造過程中扮演的角色跟他們不同，並且能客觀評估自己是否適合成為頭家。而且師傅也清楚認知到，拖車生意要能順利經營下去，仰賴的是頭家與師傅各司其職。

責任：「頭家就是你請幾個人，就要維持幾個家庭」

從上一段明仔的訪談內容當中，我們可以觀察到，師傅清楚意識到頭家必須背負的責任與師傅不同，所以才無法隨心所欲發言。而我接觸到的師傅，絕大多數不願成為頭家的理由，就是「責任」。

在師傅們心裡，頭家必須背負的責任，不僅是收支平衡、保障產品品質或是維持公司的營運，還包括必須提供給公司所有員工足以支撐家庭的工作機會及薪資。而一旦要背負的責任不只有自己，還包括其他員工與師傅時，肩上的重量就大為不同，從而不能隨心所欲。

忠仔年輕時也曾有即將退休的車廠老闆叫他接下公司，但是他除了礙於資金不足，考量更多的是，當上老闆所須負擔的責任，從而選擇打退堂鼓。在我訪談的師傅中，明仔、忠仔、祥仔以及我父親，無論一開始提出的理由是資金還是人脈，最後一定會提到「責任」。

值得玩味的事，那份責任是來自對於員工的責任感，明仔就說：「當老闆也是有當老闆的累啦。做老闆的，你有師傅沒工作，師傅也要領錢，對不對？做老闆有做老闆的壓力啦。當工人比較不會有壓力。」已經是老闆的師傅就更不用說了，就像鑵仔當初為了讓生活好過一些而甘冒創業的風險，如今已經小有成就的他，偶爾也會羨慕師傅們的自由自在、沒有太多煩惱。

無論是拖車師傅還是工廠老闆，他們對於成為老闆所必須負擔的責任，有著驚人的一致性，特別是曾經當過師傅的老闆，他們對於員工的責任感，與師傅們的想法幾乎如出一轍。

我想他們之所以重視「照顧員工」，很大一部分來自產業的傳統。拖車產業過去都採用師徒制，師徒、老闆與員工之間，除了工作之外，在私生活上，也帶有照護責任，更不用說第一代工廠老闆幾乎在當老闆之前人人都是師傅，也都曾經是別人的員工。在這種家父長培訓制度下成長的他們，對於員工的責任感自然不同於現代單純的聘僱關係。

擔心沒辦法照顧好員工的心態，於是成為師傅不願成為頭家的最大原因。工人有工人的煩惱，老闆有老闆的煩惱，對這群港都拖車師傅來說，做老闆不一定就「較好食睏（khah hó-tsiáh-khùn）[6]」。

工作自由自在，可以決定自己的步調

林林總總列出師傅不願成為頭家的理由很多，但這些都只是外在條件。事實上，師傅們認爲自己不用再往上追求頭家的階級，我認為還有其他理由，其一，是我們一路鋪陳至此的，拖車產業的特殊就業結構為師傅帶來的自豪感。透過前面的篇章，我們大致可以觀察到拖車產業的幾個特點：師徒制、沒有標準工作流程、從業者分工不精細、公司工廠組織簡單、轉業容易。

這幾項特色，讓有技術的師傅在工作中擁有一定程度的話語權與自主權，儘管隨著工廠規模不一而有不同的管理職位與階層分工，但師傅的工作大致是獨力完成的，除了一開始必須與工程師協調材料與各項細節，最後製造出來的成果必須交由老闆或工程主任檢查，然後再交由客戶驗收。除此之外，在中間將近五天到半個月的工作過程中，沒有人會干涉師傅的工作流程，甚至是工作時間。

雖然少了被稱為「頭家」的光環，雖然一輩子都會被貼上「黑手」或「工人」

的標籤，但工作「自由自在」的魅力，對這群師傅來說，有著莫大的吸引力。年輕時，他們可以趁著身強體壯，多努力一點，多做一點工作，待邁入中年、甚至年屆退休時，他們也能選擇自己想要的工作與生活，不受到廠房、租金、員工薪資甚或工廠接班人的束縛，這些都充分展現了「只當師傅」的優點。

從幾年前開始，我父親為了學二胡，每週三下午都不工作，而明仔也曾經因為材料還沒送到工廠而乾脆整個早上不去工廠。只要能在時限內交貨，師傅的工作時間都可以自由安排。正因為有足夠的自主性，同時還擁有與資方或管理階層對等的討論空間，讓師傅們不必低聲下氣忍受他人的頤指氣使。

這樣的條件對有些師傅來說，比起必須承擔各種風險和責任的頭家職銜，更加吸引人。這些「我自己決定自己的工作步調」、「老闆也不能拿我怎麼樣」的工作心態，反而成為他們在工作中自我認同、自我價值實現的來源。

正因為他們的自我認同感與工作價值能透過與頭家相對平等的關係來實踐，因此師傅們就不必追求讓自己成為人上人的頭家之路。由此可見，在是否成為頭家這點，師傅們是評估了各種風險與自身條件，而相當理性地選擇「做師傅就好」。

「認份」精神

另一個師傅不願成為頭家的內在理由，我認為關乎他們的工作心態，為此我們必須先談談「工作的目的」。

在資本主義社會中，人們工作的理由不外乎以下兩項，其一是賺得足以溫飽的收入，其二是透過工作來實踐自我的價值。就後者來說，師傅在一台接一台車體的製造過程中，就已足夠讓他們體現自己的價值，而不必當上頭家才能實現。而另一個驅使他們工作的理由當然就是溫飽了，而且，只有溫飽。

對他們來說，工作無關乎男子氣概或男性尊嚴，只關乎「穩穩仔趁（ún-ún-á-thàn）[7]」、「會使飼一家伙仔（ē-sái tshī tsit-ke-hué-á）[8]」。

「穩穩仔趁」這個概念是指可以安定地領取薪水。相對於務農看天吃飯，常常一個風災、雨災、旱災，就會讓大半年的心血泡湯，無法「穩穩仔趁」。而能讓生活溫飽的工作也不能隨便選擇，比如工作來源穩定卻只能領取微薄收入的月薪制師傅，可能就無法很好地滿足一家子的生活，或提供有品質的教育給孩子。所以對於師傅來說，當計件師傅會是最佳選擇，他們只要付出勞動力、拿出好成果，就能跟業主談條件，並且獲得比較好的酬勞。

這種「穩穩仔趁」、「只求溫飽」的心態，也可以從早期台灣社會的特質找到線索，比起工業社會的「拍拚出頭天」特質，這群師傅更接近農業社會中的「台灣牛精神」。

「台灣牛」是用來形容不求顯貴、腳踏實地、默默耕耘的人，我認為這群黑手師傅從工作生涯到生活型態所表現出來的態度，相當符合這樣的特質。

以我父親為例，他總說著要以「勤儉」為家訓、什麼都先試著自己動手做、不求奢華只求實用，他所表現出來的特質在我眼裡，正好是農業社會中台灣牛精神的展現。當然無論是我父親或這群師傅，都不會以「台灣牛」這種文藝腔來形容自己，他們只會用「認份」這兩個字輕巧帶過這份穩健踏實的精神：

> 我們就認份嘛，做師傅反而自由自在，不用去操煩那些有的沒的，有師傅沒工作、有工作沒師傅，追完師傅、追工作，追完工作接下來還要追錢，一天到晚就在那裡追這個、追那個，自己操得要死，還不一定有得賺，費氣啦！我做師傅就好啦。（李仔）

「認份」在台語字典中的意思為，接受命運的安排、守好自己的本份，而在師傅的語境中，還有對於現狀感到滿足、不過度追求超出自己能力之事。他們不是被迫接受階級不再持續向上流動的現狀，而是主動選擇接受這樣的狀態。

「我做師傅就好」這樣的精神，我將之稱為「認份心態」。這種「認份心態」有別於謝國雄或李哲宇研究中「拍拚出頭天」、「男性就要做大事業」的思考，這群拖車師傅工作的目的就只是為了安定地養家糊口，絲毫無關乎男子氣概或男性尊嚴。

事實上，在台灣那個「拍拚出頭天」為主旋律的年代，這種「甘願做」的「認份」精神也同時存在。無論是「拍拚出頭天」還是「做師傅就好」，這兩種心態並沒有哪個比較好，相反的，這兩種特質的工作者，正好組成了台灣由農轉工並引領著經濟起飛的那個時代的工業帝國，反映了台灣社會隨著農業轉向工業，人們心中價值觀隨之而來的多元化。

在我挖掘父親工作史的過程中產生的兩大謎題，藉由我父親從少年到中壯年的工作生涯，已經有一個謎題找到線索與解釋。那麼另一個謎題，為什麼師傅在工作中展現了對工作的強烈自豪與認同感，回到自家屋簷下，卻不惜選擇「自我貶抑」來避免孩子成為黑手？

第二個謎題，就讓我從我們家四個人的故事來尋找答案。

1 謝國雄（1989）〈黑手變頭家：台灣製造業中的階級流動〉，《台灣社會研究季刊》，第二卷第二期，頁11-54。

2 李哲宇（2007）《一技之長真能黑手變頭家嗎？—機車修理師傅的維修技術、社會關係與工作意識》。台北：世新大學社會發展研究所碩士論文。

3 加忝的（ke thiám--ê），更累，隱含自找麻煩的意思。

4 順序（sūn-sī），順利的意思，常見的誤用字為「順勢」。

5 費氣（huì-khì），麻煩的意思。

6 較好食睏（khah hó-tsiáh-khùn），較好吃睡，引申為比較輕鬆。

7 穩穩仔趁（ún-ún-á thàn），有穩定收入的意思。

8 會使飼一家伙仔（ē-sái tshī tsit-ke-hué-á），可以養活一家人的意思。

第十八章

毋通佮我做仝途

m̄-thang kah guá tsò kāng-tôo

父親的職業欄

／01

印象中，從小學一直到國中，學校都會定期發放調查表讓學生填寫家庭狀況，內容包含經濟狀況、父母職業、家庭成員等等。這張表是要學生帶回去跟家長一起完成的，依稀記得我跟父母是按照表格順序一一填寫下來的，先寫上自己的名字，接著在家庭經濟能力欄位，勾選當時還不太能理解的詞彙「小康」，而父親的職業欄，我則是筆畫簡潔地寫上「工」。

我從小就被父母告誡這類家庭資訊是重要隱私，不能隨便透露給他人知道，於是我也從未去比對其他同學填寫的內容與我有何不同。對於班上同學的經濟狀況，也只以自己為基準粗略地區分，例如這位同學家裡能提供給他更多的資源，而那位同學家裡甚至沒辦法每週給他零用錢。

我對於「工」的所有印象，都不是來自與同儕比較，而是來自雙親的諄諄告誡：「不好好念書，將來就做工人」、「不念書，是要去當烏手嗎？」、「以後就跟爸爸一樣曬太陽」、「想跟爸爸一樣做工嗎？」父母在教育上給我的教誨，都是透過父親的工人身分語帶威脅，要求我和弟弟在學業上更加努力。

說自賣自誇也好，我和弟弟的成績從小就不需要父母太過擔心，儘管部分科目跛腳，好歹還是考上國立大學，最後也都取得碩士學歷。國中以後的課業內容，父母基本上已經幫不上什麼忙，我和弟弟的課業一直到高中都是交給補習班，父母只看成績單。上了大學，父母連看成績單的旨趣都變了，從過去「看女兒有沒有好好念書」，變成「看女兒遠在外縣市有沒有學壞」。

小時候父母常對我說：「不好好念書，將來就做工人」。因為聽過太多次，而且父母親說這句話的時候總是太過慎重，所以我將此視為理所當然，從來沒有表示反對，也不曾質疑，而我們家人之間也未曾對此有過深入討論，所以大概只有我自己知道，「將來做工人」這句威脅對我起了多大的作用。

由於很少接觸到父親的同事，父親於是成為小時候的我所能認知到的、形象最清晰的「工人」。每天早上，父親總是穿著佈滿洗不掉的污漬與細小破洞的牛仔布套裝，再套上看起來永遠洗不乾淨的工作靴，於七點鐘左右，騎著摩托車出門；傍晚五、六點返家時，臉上常常曬得通紅，並且帶回更多的污漬與汗味。

升上國三後，學校開始有課後輔導，當我從學校的第八節下課時，通常剛好是父親下工的時間，他會配合我的下課時間下班，直接到學校接我去補習班。滿身汗味的父親在摩托車前座，坐在後面的我，總是有點淡淡的抗拒，雙手扶在後面的握把，不接觸前方父親的身體，盡力與他拉開距離。

我也記得，父親在工作量比較少的時候，會變得脾氣暴躁，跟母親也比較容易起衝突。我們家裡總是過得很節儉，除了一台電視、一台電腦，基本上沒有什麼娛樂性消費。

雙親的告誡加上父親這樣的職業形象，以及節儉的家庭生活，讓我從小就把「做工」這條路劃掉，而且不只是「工」，小時候跟著阿公阿媽務農的父母，就是深知務農的辛苦與不安定，才選擇從事工業，所以理所當然的，他們也把傳統士、農、工、商四大業別中的「農」，從我和弟弟的未來中剔除。也就是說，小小年紀的我，未來能展望的職業方向就已經少了一半。

我從沒跟別人說過，小時候的我之所以在父親的職業欄上，單單寫個「工」字，而不是「工人」兩個字，是為了用定義寬泛的職業稱呼，來模糊父親是「工人」的事實。

「工人」、「黑手」、「師傅」有什麼不同？

我對於「工」這個詞的反思來得很晚，大學以前，除了念書，我基本上不會思考別的事。直到大學修讀社會學以後，我才從職業分類、階級意義上重新理解「工」這個字。「工人」這個詞的意義，也開始與我過去過度寬泛認識、從父親形象而來的理解變得不同。

也許是知道自己已經不太可能從事父親的職業，也可能是叛逆的青春期已經過去，我對於父親工人身分的那種淺淺抗拒，早已煙消雲散。從社會學中，我看到更多「工人」的定義，也更注意到父親語境之中的工人，包含了各式各樣的涵義，而他對於自身職業的認同也相當複雜。這讓我不禁想挖掘一直以來都稱呼自己為「工人」的父親，是如何看待自己的職業身分？

在學術上，最粗略的分法，可依照「技術含量」的不同，將工人分成「技術工人」與「非技術工人」兩種類型。技術工人，是相對於流水線上的非技術工人而來，他們的差別來自於勞動行為。勞動行為通常可分成「一般勞動」與「特殊勞動」。特殊勞動，會受到勞動原料性質以及勞動產品雙重限定而面臨種種限制與規定，工人必須透過訓練和練習，來將每位工人都具備的一般勞動力轉化為特殊勞動力。

簡單來說，具有普通勞動力的工人，因為所屬產業需要，經過長時間的訓練與經驗累積，獲得了從事該產業必須的知識與技術，並因而成為特殊的勞動工人，也就是我們所謂的技術工人。

就如同我們在港都拖車師傅養成過程中所看見的，技術工人不但必須花費更長時間培養，他們的工作待遇也與非技術工人大不相同。不過，訓練時間也不能完全定義從業者的技術含量，美國政治經濟學家哈里．布雷弗曼（Harry Braverman）就會說，技術、非技術或者特殊、非特殊等工人的分類，並非「自然」無須說明的，而且技能的等級，也不是從這些稱號就能觀察到的。[2]事實上，學術上的定義與分類，確實不比從業師傅實際體會到的分類更為貼近現實。

父親在面對同樣在製造業領域的業外人士時，會說自己是「做拖板車的（tsò thua-pán-tshia-ê）」、「烏手（oo-tshiú）」，而在對非製造業領域人士自我介紹，或是對我和弟弟發出威脅時，則會以「拖車工人（kang-lâng）」、「做工的（tsò-kang-ê）」來稱呼自己的職業。

母親對父親職業的稱呼就比較混雜，她會交錯使用「做拖板車的」、「烏手」、「工人」這幾個詞彙。早年我比較常聽到母親使用「烏手」和「拖板車工人」來介紹父親的職業，晚期則比較常聽見她形容父親是「做拖板車的」。

父母親對於父親職業的不同稱呼，是很有趣的區別，代表從業者與非從業者在職業稱謂上的認知不同。

在台灣，一般人稱呼技術工人會使用「師傅」；而面對接觸油污、鐵鏽、工作環境較為髒亂的產業工作者時，會稱之為「烏手」。然而絕大多數的從業者對業外的人提及自己的工作身分時，都會說自己是「工人」。

深入探究這幾個詞彙，會發現這當中隱含著從業者必須具備的技術條件、工作內容以及社會身分，我們可以從底下幾位師傅的詮釋來說明：

> 黑手就是修理工程的人，負責做這些修理的。早上起來就開始碰油，全身烏趖趖（oo-sô-sô）的啦。（父親）

> 師傅是比較高，他們技術比較可以做師傅，工人比較下一點點，真的要比就是這樣。烏手就只是比較黑一點而已，不代表比較差。（麒仔）

> 不認識的，大家都嘛稱呼「師的（sai--ê）」，沒有人會叫工人（kang-lâng）、工仔（kang-á）。像人家要進來修什麼，不是很認識的，都嘛說「師的，我要做什麼」這樣。沒有分說師傅、烏手、工人，我覺得都一樣啦。（麒仔）

細緻分析起來，「黑手（烏手）」一詞包含著工人的工作內容，包括汽機車修理、輪船機械工等必須接觸鐵鏽、油污的職業類別；而「師傅」一詞則在師徒制的技術傳授方式中，代表著可以獨立作業且技術足以指導學徒的有經驗者。

在台灣的社會脈絡中，正如麒仔所言，「師傅」同時也是一般社會大眾對於專門技術持有人的一種代稱；而工人，則是從事製造、加工的第二級產業從業員（無論持有技術與否）共通的自我稱呼。比起指稱範圍廣泛的「工人」一詞，「黑手」更特別給人從業環境髒亂、身上沾滿黑色油污的印象，比起「工人」，形象更為鮮明。

但若是從這群師傅的語境中認真探究起來，無論是「師傅」、「黑手」或「工人」，每個名詞背後所蘊含的意義，都具有多種細緻的面向，也有或大或小的差別。許多師傅共同同意的稱呼「工人」，包含的範圍廣泛，可以讓他們表達自己與士、農、商的差異，呈現出他們是依靠體力勞動換取所得的群體，在這樣的語境之下，他們並不會特別將技術與非技術從業者切割開來。

但回到自己的業內，他們可以很清楚區分誰的技術能稱為「師傅」，誰被稱為師傅只是一種「客套」，也因此他們雖然對外皆同意自己是「工人」，但在業內卻不會用「工人」來稱呼自己，而會使用能代表技術與經驗的「師傅」、「半桶師」、「師仔」來辨識從業者的差異。

這些只有從業者才能分辨的複雜語境，自然不是我母親所能理解的，因此她對於父親職業的介紹，才會與父親有些微妙的不同。

但無論「黑手師傅」這個稱呼背負了多少叱吒業界的高超技術，或是歷經多少時光的千錘百鍊，它在台灣的社會觀感中，仍然是雙手油污、全身污漬，在黑油與工具機之間穿梭的「工人」。

師傅在面對同業或工廠老闆時，儘管都具有一些話語權，但面對大社會觀感，也免不了自我妥協，從而在教育子女時出現「自我貶抑」的現象，說出「不好好念書，就跟我一樣」這樣的話來。

1 毋通佮我做仝途（m̄-thang kah guá tsò kāng-tôo），不要跟我做同樣職業的意思。

2 哈里・布雷弗曼（Braverman, Harry），佚名譯（1988）《勞動與壟斷資本》（*Labor and Monopoly Capital*）。台北：谷風。

/02

望子成龍、望女成鳳

有一陣子弟弟因為工作需要，準備去考天車執照。初聞此事，我還有些無法反應過來，想了一下「天車」是什麼。詢問之後才發現，那就是父親工作廠房中架設在屋頂、用來懸吊重物的機器。

不過我意識過來的第二反應，卻是「原來操作那個需要證照啊？」弟弟回答我，天車考試不僅需要實作，還要筆試，考取執照之後才能操作。但很顯然，父親並沒有考過這個東西，但在工作中卻時常使用天車。

弟弟在國家金屬中心工作，取得材料所博士學位的他，理論上是怎麼也跟「天車」扯不上關係的。誰知道人生的走向總是出人意料，弟弟因為公司的安排，必須接手風電人才培訓相關產業的工作，而讓他興起了取得天車執照的念頭。

弟弟要考天車執照，父親是知道的，而且說起這件事，總有點前輩看著後輩成長的守護感，帶點小得意的。雖然父子倆的工作天差地別，黑手與白領、製造與研發、傳統產業與高科技產業，但他們在工作上的語言，卻在這個地方產生了小小交集。父親大概從沒想過會有這一天吧！

那段期間，父親會在家庭訊息群組裡，關心弟弟的準備狀況，讓我忍不住想起弟弟小時候曾被父親帶去工廠工作，卻流著鼻涕、帶著眼淚回家的模樣。

那是弟弟不願去上暑期補習班，被父親用「不讀書就去做工」式教育法直接帶到工廠「實習」的第一天。弟弟因為不熟悉工具，在使用鐵鎚敲打橡皮輪胎時，竟被反彈的鐵鎚敲到鼻子，痛到不行。

結果弟弟連中午都沒撐過去，午餐時間就被父親帶回家了，從那之後弟弟就乖乖接受暑期補習班的安排，從此再也不哭鬧反對了。

我和弟弟都在這種教育方式下長大，然後踏上追求文憑之路。

從小被告誡「不讀書就去做工」的我們，都沒料到長大之後會跟父親的職業產生關聯，先是我在碩士論文探究起父親的職業，因此跟父親產生前所未有的對話，而手握家裡最高學歷的弟弟，也因為學習天車，而與父親的工作產生了交集。

黑手之家的家庭教育

芭蕾、鋼琴、珠算、陶藝、書法、水墨、畫畫，這些是我從幼稚園到小學五年級曾經上過且有印象的才藝班。才藝之外，學科需要的英文、作文、數學，我也都上過補習班，還差點要去上專教暗記背誦方法的補習班。累計起來，我上過的補習班多達十種，不過反正不管是哪一項，我都持續不久，現在看起來真正在我身上留下底子的，也沒幾項。

我的父母親對於子女的教育，頗為符合典型工人階級家庭對於教育的想像。有個針對工人階級家庭如何教養子女的研究指出[1]，工人階級的教養方式都傾向透過經濟資本來換取文化資本，企圖藉此改變下一代的社會位置。簡單來說，就是透過外包教育的方式，來讓子女取得父母無法提供的技能，以累積更多文化資本，好讓他們未來有機會走向與父母不同的道路。

才藝班是最明顯的，父親雖然一輩子都沒碰過鋼琴，但在我幼稚園期間，就在家裡買了一台直立式鋼琴，還請了一名家教老師每週到家裡指導我琴藝。

母親憶及當年那台鋼琴時說道，本來她只打算買電子琴，因為好收放、不需要太多保養成本，價格也比較低，但父親卻堅持要買直立式鋼琴，說是鋼琴聲音比較好聽。

小小年紀的我，一心好玩，加上身高不足，腳底踩不太到踏板，手指又按不滿琴鍵，一想到每週要端坐在鋼琴前專心苦練、接受家教老師的嚴格糾正，我就痛苦不堪。可想而知，那些家教錢、鋼琴保養的調音錢、樂譜錢，全都像是丟到水裡，毫無成果可言。唯一欣慰的是，鋼琴賣了個二手價，也不算血本無歸。

類似的事情發生過好幾次，我們家早年的經濟並不算寬裕，但父母砸在子女身上的花費，卻毫不手軟。他們將省吃儉用留下來的錢，都交給他們眼中的教育專家，期望這些專家能代替他們把兒女帶上一條「與他們不同的道路」。

父親雖然沒有受過高等教育，但大概也嚮往過由文化資本堆疊出來的生活吧！我曾經從蔡灌先生口中聽聞父親年輕時的模樣，他說父親極愛乾淨，鑽個車底都要找塊紙板墊背。雖然黑手工作不可能不在身上留下髒污、油漬，但是他卻盡力避免，不工作時則常常穿著白色衣服、白色褲子，文質彬彬，「很有書卷氣」。

父親出身農家，小時候沒有好好讀過書，ㄅㄆㄇㄈ發音都不標準的他，很難讓人聯想到「書卷氣」，但是看著父親的言行舉止和他年輕時的照片，我卻彷彿能夠理解為什麼蔡灌先生會這樣形容父親。

家裡有一張父親年輕時在員工宿舍抱著吉他的照片，我第一次看到時，相當震撼，印象非常深刻，因為那張照片裡的父親，看起來像個王子。

父親的吉他跟我的鋼琴一樣，早就不知道隨著時間流逝而埋進生命的哪個角落了，但父親大概也曾試著累積文化資本，以求讓生活更貼近自己的「理想」，而有了子女之後，他一方面在職場積累工作技術，從而培養出身為「黑手師傅」的驕傲，另一方面則將自己理想的未來加諸在孩子身上。

這中間的關鍵字是「好工作」。

不好好念書，將來要跟我一樣做烏手嗎？

前面的章節，我曾提過師傅們對於高等教育出身的工程師有點輕蔑，因為師傅的工作現場極度仰賴技術，因此他們看輕文憑訓練出來而無實作技術的同事。但回到自家屋簷下，他們告訴子女的卻是「萬般皆下品，唯有讀書高」。

當我進一步了解「唯有讀書高」背後指涉的職業前途時，卻發現他們對於讀書人未來出路的想像相當有限，在討論子女未來時，也只有醫師、律師、教師、公務員這些選項。在他們的認知中，這些是收入最穩定、最高、也最受人崇敬的職業。要走向這些職業唯一的道路就是讀好書、考好試，拿到好文憑。

這樣的想法不只存在於工人階級，我父親那一輩的台灣人，無論什麼階級皆對此深信不疑，那是台灣社會普遍迷戀文憑的年代。[2]我父母，以及我筆下的這群港都黑手師傅，也都無可避免受到當時社會價值的影響。因此，父親在家裡會說：「你們不好好讀書，將來就跟我一樣做烏手」，也就不奇怪了。

「烏手」一詞充滿矛盾的說服力，在台灣普遍的認知中，是指工作環境容易髒亂、充滿油污的從業人員，容易被聯想為一份社會地位較低、但重視技術的工作，於是「烏手」們，似乎總是被掛上早早放棄學業、全力鑽研技術的特質標籤，弱化了在傳統社會價值中的職業評價。

「烏手」一詞的雙面性使得這個職業稱呼在認同上變得矛盾，具體就表現在黑手對於子女的教育。父親一方面以自己的技術為豪，但另一方面又會用「跟我一樣做烏手」作為威脅，希望子女能依照他們的理想安排，好好念書、好好考試，考上好一點的大學，努力走上追求文憑的道路，而這條路的終點是將來找個好工作。

父親與黑手師傅眼中的好工作

我曾經詢問父親以及這群黑手師傅，什麼叫做「好工作」？他們的答案大致可總結為：「就不要跟我們一樣全身髒兮兮、在大太陽底下工作，這樣太辛苦了。」

無關薪水、更不是公司福利，他們眼中的好工作是跟他們自己的工作比較而來的，他們希望子女不要像他們一樣，從事在太陽底下揮汗如雨、耗費大量勞力的辛苦工作，而是可以坐在冷氣房、只要運用雙手打打鍵盤的工作，乾乾淨淨上班、清清爽爽回家。

無論是父親或其他師傅，他們用辛勤工作的收入來投資子女的教育，無非就是希望子女將來能過上好一點的生活。在他們成長的年代，父母往往無暇顧及孩子的未來，他們只能自己想辦法，自己找出路。如同父親在十五歲國中畢業時，就自行決定從台東遷移到高雄當學徒，而從當學徒算起的十年間，他輾轉在各種工廠之間工作，在採砂業[3]興盛時做砂石船、建築業昌盛時做鐵窗，最後在工廠林立、重工業繁盛的高雄小港，他找到有著更穩定工作來源的工作——拖車。

父親透過自己的一套判斷，找到一份可以穩定從事數十年的工作，雖然左右不脫「黑手」產業，但這是他用自己的方式、為自己所做的最好安排。

父親無法改變自己人生的道路，所以轉而在子女身上下工夫，希望能讓子女找到好工作、過上好日子。這個信念讓他不惜顛覆自己在職場中培養出的自豪感，而在子女面前把自己與自己的工作說成負面教材，把自己從事的職業當作不念書的「後果」。透過與自身對比，讓孩子清楚理解「理想的工作」應該是什麼模樣。

這群心心念念著子女將來的黑手師傅，在工作場域中不管如何以自己的技術為傲，無論怎麼看不起只靠文憑就在工作場域中頤指氣使的工程師，但對於自己的孩子，卻無論如何都不願他們踏上黑手之路。

黑手師傅矛盾邏輯的背後，是對於「好工作」的想像，他們只是希望子女將來的工作可以輕鬆一點、「過好一點的日子」，這麼簡單的心願而已。

但好的文憑真的能帶來更好的前途嗎？有人堅持「唯有讀書高」，但我們也時常聽見許多人獲得文憑之後，反而擔心自己沒有一技之長足以傍身。到底文憑重要，還是技術重要？

文憑重要，還是技術重要？

關於文憑的功能，國內外皆有許多討論。接受教育取得文憑，除了可以提升個人知識高度之外，最重要的是，文憑可以成為人們的人力資本財，不僅有助於個人獲取職業技能而安身立命，同時還具有符號性的象徵功能。文憑背後所代表的文化性象徵，更是許多雇主在聘僱員工時重要的參考依據。[4]

在工業化、現代化的資本主義社會中，文憑除了是找工作的重要憑據之外，它還是協助個人取得高社經地位、階級向上流動的重要路徑。而在台灣，取得文憑的方式，除了自修參與文憑證照的考試之外，最主要的途徑還是學校教育。

台灣社會普遍有著儒家崇尚教育的價值觀以及重視教育的傳統，隨著大學廣設、高等教育普及，接受高等教育的人數逐年上升。人人都至少大學畢業的結果，導致了學歷的貶值。這直接反映在企業雇主對於聘用人力的學歷標準不斷升高，在白領勞動力市場中，大學學歷可能只是起跑點，而不算是高學歷了。就連依賴師徒制、只看技術不看出身的拖車製造業，似乎也難以抵擋這股浪潮。高職畢業的年輕師傅明仔，就曾談起他的轉變：

以前我的想法是學工夫比較好，現在不是，現在是讀書比較好。因為現在要去比較有制度的公司，一定要專科以上，高中的都沒有了啦！學歷一定要讀高，不管讀有讀沒有啦！最少你去跟人家應徵就跟別人平等了。不然那種高中的，跟人家進去就不平等了，就算經驗再好也沒用。經驗再好，沒有門檻也不能進去嘛，根本就沒有表現的機會啊。要是我跟那些大老闆說我做這行一、二十年了，他還是要考慮啊。因為他們公司的制度就是這樣。（明仔）

明仔的這段話明顯反映了台灣社會整體的變遷，因為就連工業領域，雇主也開始傾向以學歷做為篩選員工的第一道門檻，台灣無疑是「文憑社會」的最佳寫照。

不過，我在研究這群黑手師傅的過程中，不斷反思學校教育真的比師徒制技術傳承方式更有優勢嗎？周慧洵曾經在論文中整理學校教育的功能，認為學校可以幫助接受教育者取得文憑與工作所需之技能並協助他們社會化。在進入社會之前，先讓學生透過與團體相處的機會，提早經驗小型社會，學習與他人互動，並學習做人處事的道理。[5]不過事實上，拖車師傅在師徒制的技術學習過程中，也一樣能獲得這些功能。

台灣早期的師徒制，頭家所提供的不只有工作機會，常常還必須兼任監護人的角色。工廠中的師傅除了指導技術之外，也會有意識地鍛鍊學徒的心性。學徒在工廠中與同輩學徒、長輩師傅和老闆朝夕相處，社會群體的多樣性更勝單純的校園，單就提供孩子工作技能與心性教育的功能來說，師徒制也具備相同效果。

許多針對工匠的研究，都透過工匠的培養過程所達成的效果，來反思現代教育，甚至有研究者，例如侯念祖，更是在研究中認為[6]，比起片面的、理論的、填鴨式的學校教育，透過勞動、實作所習得的知識與技巧，更能有效達到全人的養成。

不過，儘管師徒制在教育上的功能與學校教育相同，並且拖車師傅也親身經歷了師徒制的教育模式，但他們還是希望自己的孩子盡可能邁向讀書之路。除了現代教育體系、法規制度的安排更有利於文憑教育發展之外，我們之前提過的，希望孩子找到好工作、過上好日子，更是師傅期待下一代獲得高等教育文憑的原因。以下幾段訪談，可以清楚呈現師傅們單純的想法：

我當然是認為給他們念書很重要，那時候我就是想，他們要念到哪，就念上去，我們就是負責付錢，要付多少都沒關係。我們還是這個心態，做父母的啦，希望他們拿到那個學歷，可以過更好的日子，不要像我們做粗工（tshoo-kang），拿重的東西。我們也是希望他們可以坐桌子旁邊拿筆。（南仔）

當然是讓他們去念書啊，他們如果會讀就要念多高，隨便他們去念啊。要加減多讀一點書啦。毋通閣讓他們做這個（拖車產業）了。（李仔）

我是不希望他再去做這一途啦，要看他本身的興趣，他現在就已經讀這樣了，就繼續讀啊，讀到看他可以做什麼工作，對不對？你像人家去坐辦公室是不是比較涼？你做這個吹風曬太陽，又熱，像這種外面三十幾度，那很累吶。（父親）

對於念書取得高學歷，師傅們的想法很單純，無非是希望自己的孩子能找到好工作，他們對於「好工作」有著一致的既定印象。這群黑手師傅以自己惡劣的工作環境做為對照，不希望他們的子女太累、曬太陽、做粗活。顯然，比起拖車師傅的工作，坐辦公室的白領階級，更接近他們想像中最理想的「好工作」。

成爲白領階級，眞的比較好嗎？

然而最終走上白領階級道路的我，卻漸漸感受到白領階級的薪水不一定比拖車師傅高，工作自主性更是不一定比較強，而且高學歷神話在近幾年也漸漸退燒。許多就業調查報告指出，博碩士生的薪資並不會比大學生高出多少，而越來越多企業主在選擇新人時，也傾向優先考慮對方的實作經驗。

那麼，師傅們到底在為他們的子女追求什麼呢？

白領階級工作跟拖車師傅工作的差異，正好跟學校教育與師徒制的差異一樣，前者是取得「高社經地位」的途徑。

在我為了研究而與師傅初次碰面時，總是會先自我介紹，師傅聽聞之後的反應常常是：「書念得這麼高，怎麼沒有想去當醫師、律師、考公務員？」與父母對我和弟弟的期待不謀而合。

對師傅來說，儘管進入工廠當學徒、學習製造拖車（或者從事鐵工、西工），同樣也能習得一項專業技術，但兩者能追求到的職業，及其伴隨的社會地位差異，讓他們產生了「念書比較好」的觀念，從而鼓勵孩子念書，期望孩子將來能找到好工作。

但有趣的是，師傅並不是一味推崇學歷，正好相反，正因為他們自己在工作場域中是高度依賴實作經驗與技術的人，所以他們相當清楚只有文憑而沒有技術是行不通的：

你讀書出來的，那是讀一個辯論啦，理論他很厲害，用說的很厲害，那個我們可能說不贏人家，可是你說這個要他們來做，怎麼可能？他們用說的厲害啦，用做的，也是做不贏我們啦。(南仔)

父親的一段訪談紀錄，更表現出師傅相當清楚只有文憑是不夠的：

是啦，我是沒去念高中，所以才出來學師仔，我那時候有去念高中的話，就可以做公家機關了啊。可是學歷和技術還是都一樣要啦，不然你看像(大型拖車公司的)那些工程師，他只有學歷而已，只會畫圖，可是出來外面完全不行，他們沒有(工作的)知識嘛，只是紙上談兵。有時候我拿那個料單給他們，他們都還可以給我畫錯，有時候我都幫他們畫了，他們還可以畫錯，那個就無效(bô-hāu)嘛，所以技術和學歷都還是一樣重要啊，都要有啊。(父親)

師傅在工作場域尊崇實際累積的經驗，認為有技術才是最重要的，但回到家中卻不惜以自己為負面教材，要求子女努力去追求文憑。不過，師傅們的矛盾心態並不是毫無根據的，正是基於自己長年的工作經歷、對社會大環境變遷的觀察，因而希望子女過更舒服的生活。這樣簡單的心願，讓他們選擇在屋簷下自我貶抑的教育之道。

最後再回到我那考天車執照的弟弟，我問他備考期間有沒有跟父親討教天車的操作方法，弟弟說父親都沒有按照正確流程操作，都沒有依據規定，都是他在教父親正確安全的操作流程。

結果父親回了一句，「我是交通安全代表耶，不做違反規定的事。」天車操作當然跟交通安全一點都攀不上關係，但父親字裡行間確實表達了他的不服氣，畢竟他從業將近五十年，都不知道操作過天車幾千次了。

父親的回應讓我想起某次撞見弟弟喃喃背誦天車操作流程的樣子，我有點莞爾地想著，關於操作天車這件事，弟弟在父親眼中的形象大概不是兒子，搞不好比較接近公司裡不常踏足現場、只坐辦公室的工程師，他們兩個中間或許也隱隱出現了文憑與技術的矛盾吧。

1 陳如涵（2011）《台灣勞工階級的孩童照顧安排與養育風格》。台北：台灣大學社會學系碩士論文。

2 黃毅志（1999）《社會階層、社會網絡與主觀意識：台灣地區不公平的社會階層體系之延續》。台北：巨流。

3 指採集砂石業，在那個年代環保概念與相關法規尚未成熟，因應經濟起飛的建築需求方興未艾，許多業者會到河中採集河砂用於建築業，也有不肖業者採集海砂，成為後來惡名昭彰的「海砂屋」。

4 Becker, Gary Stanley ,1975, *Human capital : a theoretical and empirical analysis, with special reference to education.* Chicago : University of Chicago Press.

5 周慧洵（2001）《她們眼中的學校教育與文憑：不同口合高學歷女性的生命史研究》。嘉義：中正大學教育研究所碩士論文。

6 侯念祖（1999）《以工匠為師：對鹿港小木工匠的經驗考察》。台中：東海大學社會學系博士論文。

／結語

什麼是「好工作」？

在論文研究期間，我訪談了十七位拖車師傅及相關從業人員，二〇一四年論文完成時，這群師傅當中最年輕為四十一歲，最年長為六十四歲。

到了二〇二一年，最年長的南仔師傅已經七十一歲了，現在仍充滿活力，他離開了原本在做車軸校正的保養工廠，偶有零星案子時，他會找我父親一起承接。他們會在工作現場彼此支援，也會聊聊各自在田裡的農作心得、交換田裡的收成，過著勞逸結合的半退休生活。

對這群拖車師傅來說，他們是一輩子都在工作的人，從小跟著家裡務農，在接受義務教育期間，也必須下田幫忙。就算到了法定退休年齡，只要身體狀況許可，他們大概也不會甘心過著悠哉的退休生活，或者說在他們的生命中，沒有不勞動的過日子手段。

勞動對他們來說，除了是賺錢養家的方式，更是鍛鍊身體、維持身體機能的手段，以我父親為例，要他在沙發上安靜待上三個小時，那是絕不可能的事。

師傅們的「退休」不是以自己的年齡為界，不是到了一定歲數就不用再去工作，他們的「退休」，其實是以子女為基準，當子女都有了穩定的工作、不再需要父母操心生活教育費時，就是他們可以退休的時候了。

拖車師傅與他們的兒女

我詢問師傅他們兒女受教育的狀況，九位師傅共二十四位子女，二〇一四年仍就讀或畢肄業自大學、研究所者，共有十四位，八位在就讀或畢肄業於高中、五專，二位仍在小學。毫無意外的，就算台灣目前的高等教育已經相當普及，仍有師傅的子女因為對讀書沒興趣或各種理由而僅完成義務教育、未繼續升學。

我在研究期間對他們子女的狀態並沒有深入挖掘，只詢問師傅對於孩子的教育有什麼想法。我向其中十六位師傅都問了相同的問題：「覺得自己的孩子要念書好，還是直接學技術比較好？」毫不猶豫先回答技術的，只有一位，其他師傅都在取得高學歷但也必須重視技術之間游移。技術重要？還是學歷重要？這對師傅們來說，似乎永遠是個難有唯一正解的問題。

記憶猶新的是，有一次我到明仔師傅家中訪談，明仔兩個就讀小學的孩子在訪談中跑來客廳，明仔見到他們的第一句話是：「功課都寫完了嗎？」然後對兩個孩子介紹我：「這個姊姊在清大讀碩士吶，你們要是能像她那樣，我就沒什麼其他好求的了。」

明仔堅定表明希望孩子能走向文憑之路，而其他年紀較大的師傅，有的孩子就讀科技大學，有的高中畢業就去工作，有位師傅甚至帶著自己的長子在工廠一起修理拖車。

當孩子漸漸長大，有些師傅對於取得文憑的態度會漸趨保留，他們漸漸會認為文憑不完全是最重要的工作保障。在兒女成長過程中，這些師傅盡己之力塑造良好的環境供應子女念書，但成敗全看孩子「自己的努力」，如果子女不幸在勞動市場上競爭力不足，這群師傅會霸氣地說：「不行就來跟我一起做這行啊！」

黑手師傅的技術與文憑認同之謎

在此提及受訪師傅以及他們子女的現況，是因為這本書也來到尾聲了。以論文為基礎改寫的書，在架構上有著極大的變動。當初撰寫論文時，是順著問題意識一步步鋪陳現象與研究發現，本書則改以我父親的生命為主軸，順著他六十餘年的人生來書寫，透過他的生命歷程來介紹以雙手之力打造拖車的黑手師傅與他們的工作。

書寫的手法變動不少，所以我希望在這最後的章節，重新梳理我企圖融入書中的研究論點。在我的研究中，主要討論的是台灣工匠（師傅）的社會流動、技術與文憑認同之謎。我提出的疑問是：為什麼這群台灣工匠對於自己的技術抱持著高度認同，卻不願自己的孩子從事相同的工作？

拖車師傅從事的是隨著台灣重工業發展興起又隨之步入夕陽的產業，在同一群師傅的個人工作史當中，就足以見證一個產業的興衰。他們參與了師徒制，也見證了技職教育興起，後來又參與拖車製造法規化的過程。這些師傅實際經驗了拖車產業隨時代而產生的各種變動，因此，對於工作，他們更是有自己的一套想法。

這群拖車師傅多半來自務農家庭，受到師徒制吸引習得相關技術，最後輾轉投入拖車行業。他們毫無疑問具有難以取代的高超技術，而這樣的技術及拖車產業的工作制度也給予他們極大的自主性。

拖車產業的特性讓這群師傅擁有高度的自我認同，以自己的技術為豪，然而為什麼這樣的認同卻沒有使他們支持孩子從事相同工作，反而一致希望孩子取得高學歷呢？

這個問題的解答就呈現在那一輩父母對子女都會告誡的一句話：「要好好念書」。他們也許受到台灣長期以來根深蒂固的文憑至上觀念影響，從而希望孩子能夠取得文憑，以便從事更好的工作。這個答案顯而易見，卻沒辦法解釋他們在技術和文憑之間認同的矛盾。我們從師傅的言行中可以發現，到底「學習一個技術」好、還是「取得更高的文憑」好，對他們來說並非二元對立、非A則B的。

回顧他們轉業的歷程，從農業選擇進入工業，以及在選擇是否從受僱者晉升為頭家時，他們的判斷與決定，都呈現了工作對這群師傅的意義：工作之於他們不過是求生的手段，他們要求的不外乎收入穩定、做起來習慣、賺的錢足夠一家人生活等等相當實際的考量。個人聲望或是對於該行業的認同，對他們來說都是其次。

也就是說，他們所抱持的工作認同，其實是對於自己所擁有的、足以養家活口的技術的認同，並非對於特定行業的認同，這個行業也非他們的天職，所以他們不追求在這個行業中走到最頂端，甚至也不追求自己的技術必須登峰造極。

以糊口為優先的心態，讓他們對於拖車產業的繼承責任感相對薄弱。這也解釋了為什麼對這群師傅來說，「成為頭家」並不那麼有吸引力。而他們對於工作的心態，我認為是從他們順應時勢成為學徒、因緣際會進入拖車產業的那一刻，就一步步建立成現在的樣子。

師傅對於自己工作的認同只在於自己持有的技術，而非更廣義的產業或所有從業者的認同，他們可以同時認為工作技術重要，但同時又希望孩子取得文憑，因為在他們眼中，無論是技術或是文憑，都是取得維生手段的一種工具。

什麼是好工作？

那麼面對孩子的教育，「文憑」又勝在哪裡？為什麼他們會希望自己的孩子走向高學歷的文憑之路呢？

這就與他們對於「好工作」的想像息息相關。師傅們說不出什麼為家國貢獻、創造更高的人生價值這種只會出現在心靈成長、職涯發展書籍上的抽象語彙。他們僅是簡單且具體地描繪自己對於好工作的要求：「拿筆、坐在桌子旁、吹冷氣不曬太陽」，這些要求具象為他們想像中最符合的職業：三師（老師、醫師、律師）以及公務員，而他們認為這些職業比較好的理由，也很符合他們的要求：穩定、福利好、國家養你、不用吹風、曬太陽。

有趣的是，隨著高科技產業發展以及工程師鍍金傳說在他們社群中傳開，「工程師」也漸漸進入他們「好工作」的視野範圍，理由是賺很多、坐辦公室、靠頭腦和電腦吃飯不那麼辛苦。儘管實際上無論是三師、公務員或工程師，以現在的角度來看都各有其心酸血淚，但這已超乎這群黑手師傅理解的範圍了。

師傅們的論述從「作田（tsoh-tshân）[1]不好啦」，轉變為「做工（tsò-kang）不好啦」，並不代表他們真的認為做工是沒有前途或注定低人一等。事實上，如果我們從他們對好工作的想像所包含的三大要素：工作來源穩定、賺夠多錢、相對輕鬆來看，前兩個因素基本上與他們選擇離開農業進入工業時的理由並沒有差異，決定性的差異就只在於他們以自己的工作為基準，設定了一個「相對輕鬆」的工作樣態。

由此可知，對這群師傅來說，工作的價值仍是糊口優先，他們不把個人最重要的價值寄託在工作上，工作所能帶來的個人聲望、技術的高超與否、產業的重要性與產業的存亡都是其次，養活自己最重要。這點，由他們將這個行業（或習得技術）視為孩子在勞動市場失去競爭力時的最後保護網，可見端倪。

依此脈絡推斷，就可以知道這群師傅所抱持的技術認同與文憑認同，並非二元對立，這兩種都是他們對「謀生手段」的認同。而他們對於孩子的期望所抱持的態度，一方面是順著大環境的脈絡而走向高學歷之路，另一方面是循著輕鬆謀生的判斷而得出的結果。

工作是實現自我的手段？

職場成就常是社會人彼此評斷優劣的標準，而工作也常常被視為自我實現的手段之一。謝國雄的研究曾提及黑手成為頭家的理由當中，有一個很重要的原因是認為「男人一定要有自己的事業，不能一輩子吃『死薪水』」。[2]從這理由看來，成為頭家擁有獨立、不屈於人下的意義，似乎亦是男子氣概的一種展現。然而，對這群拖車師傅來說，工作卻不一定需要具備自我實現的功能，很多時候對他們來說，工作就僅是一種溫飽的手段。

港都的這群拖車師傅儘管有著高超的技藝，在工作領域中也頗有地位與聲望，但工作對他們來說，並不是用以實現個人成就的媒介。

在社會學研究中，學者將由農業到工業、由工業到白領的過程稱為社會流動，在社會流動過程中，可能會帶來社經地位以及文化資本的變化。我筆下的師傅從農到工，在社會學定義上是一次階級流動，而成為老闆，是他們可能經歷的第二次流動。如果按照早期研究所得的結果，師傅們在面臨第二次階級流動機會時，應該會毫不猶豫躋身頭家的行列，但我研究的黑手師傅卻不是如此，原因就出在我們在此討論之「工作的意義」。

從他們表現出來的態度中可以看出，由農到工、由工到白領的社會流動想像僅是他們利害判斷下的結果，「階層的向上流動」或許根本不是他們最原初的考量。這點也可以對應到他們為什麼甘願當個師傅而不一定要向上一階成為老闆。由這群師傅的經驗研究中可以看出，向上流動、出人頭地的想望並非影響絕對流動的主因。

工作的意義？

我現在於台北工作，展開職涯已經第六年。身邊有許多從相似科系畢業的同學各自走入不同的產業，他們來自台灣各地，高雄、台南、嘉義、彰化、雲林、苗栗、新竹、宜蘭。有來到台北的，當然也有離開台北的，我們在短短幾年的工作生涯中，各自擁有不同的經驗，卻不約而同開始反思工作對自己的意義。

我自己雖然是清大碩士畢業、有過日本就學經驗，但收入卻沒有躋身高水準族群。學校的訓練讓我畢業沒多久就走向非營利組織——這個傾向在工作中實踐生命或道德價值的工作。這是我初入職場對工作所抱持的心態，一心想做「符合自己價值觀的工作」。這個心態與父親他們那一輩對工作的態度大相逕庭，也讓父母無法理解我選擇這個工作的理由，至今都認為我能從事「更好的工作」。

我們一家三代，從祖父選擇由台南遷徙到台東尋找更好的工作機會開始，就應證了台灣勞動環境的變遷：祖父從台灣西邊到台灣東邊的遷徙，是為了開拓尚未開發的東部農地、分散西邊已經飽和的農業就業人口；父親從台東到高雄，是為了解決農村勞動力過剩的問題，所以他進入重工業重鎮的高雄，從事第二級產業。

到了我和弟弟這一代，我們的工作也符合了台灣產業轉型的軌跡，從舊製造業走向服務業與高科技製造研發產業。在這中間，我從高雄來到台北，是為了找到更適合人文學科專業人員的產業環境，也為了找到適合自己的「好工作」。

歷經了幾年工作經驗之後，我開始反思自己是不是真的需要透過工作來實現自我價值？有沒有可能讓工作在我生命中重新回到實用主義的功能，讓工作只是「養家糊口」的工具，然後在生命的其他部分體現自我的價值？

我之所以寫出這本書，是因為我發現在順應流動軌跡的過程中，我對於自己為何成為今天這個樣子的認識過於狹隘。研究所時期，我在這個研究中找到自己教育過程中父親與他的工作所扮演的角色；剛走出校園時，也曾因為少年意氣，以價值取向來選擇工作，認為符合自己道德價值的工作是最適合自己的好工作，為此可以稍微犧牲薪資、福利等其他工作條件。

然而現在已經工作六、七年了，正好要經歷人生另一重大轉折，我開始對工作的意義產生懷疑，所以又再度回到父親與他同事的世界中，試圖尋找解惑的線索，這個動機讓我完成了這本書。

不過，儘管我開始懷疑自己所受的高等教育訓練在勞動市場上能為自己帶來多少加值空間，但我不能否認較高的學歷與文憑，真的能為自己帶來更有利的競爭位置。

文憑在勞動市場是不是逐漸貶值、無效了？這是值得我們持續觀察的問題。文憑和技術是否依然是二元的選項，該如何選擇才是正確的，我至今都還沒有答案。

不過，我相信我們一家的經歷，能在台灣千萬家庭中找到許多相似的軌跡，也能牽引出許多共鳴，而或許也有許多人正跟我一樣，隨著各種變化開始反思工作的意義。

什麼是「好工作」？在台灣教育環境、人們的價值觀都面臨變化、轉向的此刻，這本書所描寫的師傅，他們的工作世界與心態，或許能夠刺激人們思考工作的意義是什麼。

1 作田（tsoh-tshân），意指從事農業工作。

2 謝國雄（1989）〈黑手變頭家—台灣製造業中的階級流動〉，《台灣社會研究季刊》，第二卷第二期，頁11-54。

／番外篇

黑手之家——我爸、我媽還有我們

01

父親的餐桌

父親通常是全家最早起床的人，在我和弟弟上大學之前，我們一家人大約都六點多起床。我們會在家裡一起吃過早餐，再分別去學校或工廠。

早餐的種類很多，比較常見的是饅頭、肉包、牛奶、豆漿。西式餐點，如麵包、吐司，則較少出現在餐桌上。近年來，父親開始自己做起饅頭，常常興之所至開發出各種口味。這些用料豪華、純手工打造的饅頭或包子，從不對外販售，只有謝家獨有。

對於早餐，我們家有異常的堅持，幾十年來從沒省略過一次。就算假日我和弟弟賴床得再晚，也一定要先吃過早餐，才會接著吃午餐。

一定要吃早餐，每天都要有米飯

「一定要吃早餐」，源自於父親的習慣，因為無論在農業社會或工業世界，若沒有吃早餐，絕對無法應付一個上午大量體力的消耗。

父親的早餐除了饅頭、包子之外，還會再加上前一天晚上剩下的肉與菜，偶爾他也會在早上吃米飯。

相較於父親數十年如一日的早餐組合，我離家求學工作之後，對於早餐卻是越來越隨便，無論是在大學上課或是去公司上班，都不像父親的工作那樣需要消耗大量體力，也不再像國高中時期那樣，七、八點就要開始動一整天的腦。

上大學以後，我早晨的消耗不如以往快速，食量也比以前小，常常吃點餅乾、麥片就能解決，但是在家裡吃完早餐才出門的習慣，還是留在我身上。至今我仍會提早一個半小時起床，為自己留下充裕的早餐時間。

印象中，父親吃得很多，晚餐常常要吃兩碗飯。我國小時，他因為胃潰瘍住院過好一陣子，割除了三分之一的胃，自從那次以後，他不僅食量一口氣變小，連帶著家裡吃飯的口味也漸漸趨向清淡，少油、少糖、少鹽，並且盡量少吃加工食品。但有一樣食物，是父親堅持一輩子都要吃的，那就是米飯。

父親老家種田，現在田地租給別人契作，每年我們都會收到一份來自台東的米。不知是不是過去務農家庭留在他身體裡的習慣，父親的飲食相當傳統，若一天沒有吃到米飯，就會覺得好像沒有用餐一樣，因此他天天都會要求母親煮飯。

近年來，父親雖然漸漸不那麼堅持餐餐吃米飯，但若連續兩天吃不到飯，他還是沒辦法接受。但是到了我身上，就算好幾天不吃米飯，也覺得稀鬆平常。

不過，父親對於「吃飯」的教育，還是在我身上留下一點痕跡：碗裡的米，要一粒不剩地吃乾淨。

「誰知盤中飧，粒粒皆辛苦」，如果不是家裡真的有人種田，大概很少人會把這句話實踐在日常生活當中吧！無論是務農還是做工，父親都深知有付出才有收穫，也深信所有收穫都得來不易。

父親將這個深刻的體悟，透過規定我們一定要吃掉飯碗中的每一粒米，硬是刻印在從未為了糧食而揮汗的我和弟弟身上。要嘛少添一點飯，要嘛盛到自己碗裡的每一粒米就算是黏在碗上，也要一顆一顆刮下來吃掉。就算現在我因為離家工作而少有機會跟父親一同吃飯，卻也實踐著這條守則。

最愛乾淨的黑手

製作拖板車的師傅，不僅必須在車板底下及車板上面爬來爬去，也無法避免與黑油為伍，這份工作被稱為「烏手」，其來有自。但是與父親共事的夥伴，卻評價父親是最愛乾淨的人。

年輕時的父親，不知是為了顧及外在形象，還是因為愛物惜物，就算穿著工作服，每每要鑽進車底時，他一定都先鋪好乾淨的紙板，墊在地上。工作過程中，他也會注意動作，盡量不讓自己沾上油污。這樣的工作態度，在黑手師傅之間實在不常見，因此工廠其他師傅還一度認為父親在這一行，肯定不會做太久，但父親一做就是五十年。

愛乾淨的父親，工作結束回到家裡的第一件事，就是洗澡，沒有一天例外。在沒有冷氣的露天工廠，就算工業風扇再怎麼運轉，也免不了出一身汗，尤其高雄的冬夏變化並不明顯，基本上一年四季，父親都是大汗涔涔地工作著。但印象中，飯桌上的父親從來不會帶著汗味，偶爾聞到，也只有在他下班後直接騎機車來接我下課的時候。

父親的工作服是厚質牛仔布的長袖長褲，跟他的工作皮靴一樣，都是特地跑到鳳山的軍人用品店購買的，因為唯有這種布料的衣服，才能夠稍微抵禦點焊或切割鋼材時四濺的火星。

由於父親的工作服總是沾染油污與灰塵，因此與我們一般日常的衣物，都是分開清洗、分開晾曬的。我們一家人的日常衣物在頂樓使用比較新的洗衣機，並且直接接晾在屋頂；而父親的工作服則是使用車庫裡比較舊的、洗脫分槽的洗衣機，洗完後直接接晾在車庫。

父親的工作服只要穿過一陣子就會變得坑坑洞洞，全是噴濺的火星留下來的痕跡，有些稍大一點的火星，還會穿透衣服、接觸到父親的皮膚，留下各種灼燙傷的痕跡。父親的工作服淘汰得很快，一旦油污沾染過多而無法洗淨，或是坑坑洞洞太過嚴重，就必須換新。

早期家中經濟較為拮据時，母親都從廢棄的牛仔褲當中，剪起一塊塊的碎布料來縫補；現在父親的工作量減少了，家裡也不再像以前一樣需要事事節儉，衣服舊了就換新，至於那些被淘汰的工作服，就放在車庫、農地裡當作地墊、抹布使用。

早睡早起的家庭作息

早睡早起是我們家人從小培養的生活習慣，早上六點起床、晚上九點睡覺，這種生活習慣是大都市的孩子無法想像的。

國小時，我和弟弟回家後會先洗澡、寫作業，完成功課後，就看看電視上的

父親的工作服因為長年沾有油污，通常會跟家人的衣服分開洗晾，我們在車庫中用老舊的洗衣機與脫水機設置了他的工作服洗衣區，方便他回到家之後直接脫下工作服清洗再進屋。

《灌籃高手》或其他動畫，這時候母親就會開始在廚房裡忙碌，等到六點左右父親回家洗澡、吃飯。

下午到晚上的時間通常是動畫、新聞、包青天等連續劇的流程，一家人就在客廳一邊吃水果、一邊看電視，等到八點檔連續劇播完大約九點，就是準備睡覺的時間了。這個穩定的生活習慣讓我錯失了很多晚上十點後才播出的第四台動畫，諸如《幽遊白書》、《靈異教師神眉》，因而與同學少了一些共同話題。

到了高中，我和弟弟為了考大學而補習念書，睡覺時間變成十點，父母也為了從補習班接送我們回家或等我們下課而延後睡覺時間。

十點就寢的習慣，就這樣延續到我上大學，大一時還堅持著「謝家作息」的我，因為實在太不可思議，而曾經在朋友中造成小小的傳說。

現在的我已經是完全可以熬夜的體質了，為了參與大學同學的活動，徹夜唱歌、熬夜喝酒聊天的事也做了不少。家裡的人只剩下父親仍然堅持著「謝家作息」，如今母親會在完成一天家務之後，為自己留下一點看韓劇或玩小遊戲的時間，弟弟則會在房間裡做自己的事，直到想睡覺再就寢。

現在偶爾我從北部回到家，我、弟弟、母親三人也會在父親入睡之後，還拖拖拉拉地聊天、洗澡，然後在十二點甚至是凌晨一點，才上床睡覺。

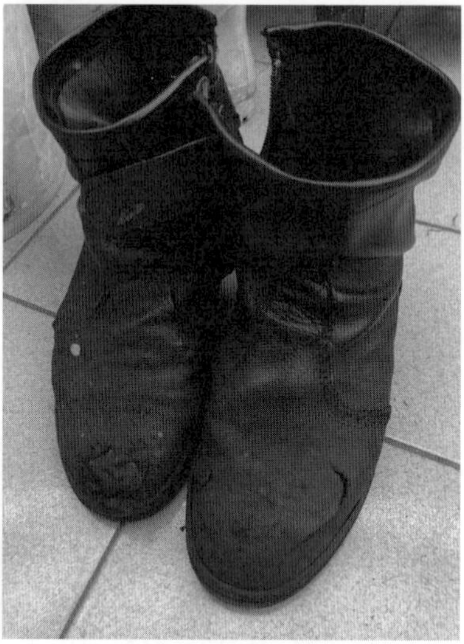

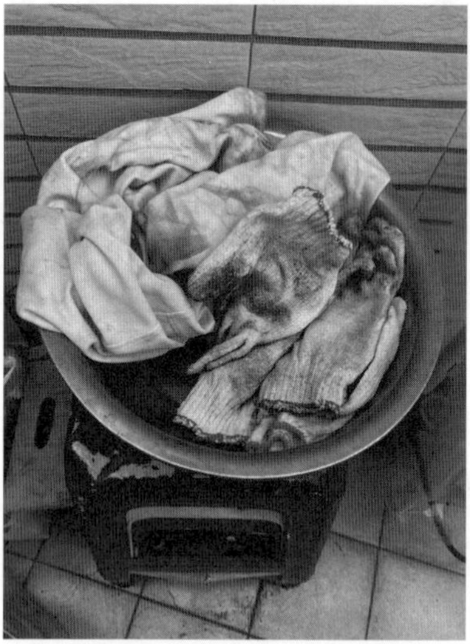

父親的工作鞋與手套都是消耗品，工作鞋是鞋頭裝有鋼板的工程鞋，以免不小心被工具鋼材砸傷腳趾，而手套則是消耗品。他這樣用水桶裝著所有手套的整理方式，在拖車工廠也很常見。

喜歡在家裡吃飯、喜歡吃米、早睡早起、不菸不酒不吃檳榔，儘管父親十五歲就離開台東來到工業都市高雄獨立生活，但他的生活習慣與作息，卻和工業社會完全不同。不知道是固執的堅持，還是那來自農村生活的作息深入他的骨血，他的習慣有太多與工業社會格格不入的地方，從日常生活的角度來看，父親更像個農人而非工人。

反觀他的女兒，在十八歲離家之後，雖然還是吃不慣多油重鹹的自助餐或便當，雖然也很喜歡吃白米飯且重視睡眠，但整體的習慣仍朝向晚睡晚起、常常外食的都市人型態靠攏，並且一去不復返。

勤儉爲家訓

/02

某年家裡收到保險公司贈送的全年曆，是一幅牛耕圖，旁邊兩個書法大字寫著「勤儉」。記得父親將它掛上牆壁後，得意地跟我說：「這就是謝家家訓！」

那時候我才認真仔細回想從小培養起來的、被告誡無數次的那些習慣，好像都源於這兩個字。衣服不輕易買、也不輕易丟，丟了也不會是整件丟到垃圾桶或回收箱，我們往往能在家裡某個角落看見那件衣物的某個部位，可能是珠串蕾絲被媽媽拆下來再利用，可能是被剪成小塊抹布。

父母都不太吃零食，也不太喝飲料，離開房間、廚房、客廳時，一定會隨手關燈，還會收集用過的水來沖馬桶或澆花。家中車庫的常備水桶少說有十個，下雨天若全部出動，就能承接住頗為可觀的生活用水。

沒人使用的空間一定不會開燈，冷氣不會開滿一整個晚上，洗澡時間太長會被碎念，浴室裡的浴缸永遠只是擺設，不會有人使用。

勤勞與節儉，在謝家，從來都不是嘴上說說，而是深入到每一個隨手可做的細節。

事事節儉的生活

我們家的生活幾乎可以用「質樸」兩個字來形容，出門遊玩傾向自己開車，就算事前準備再怎麼麻煩，都要帶著一大堆食物、食材、鍋碗瓢盆，以便能夠野炊。而至今父親認為的「吃大餐」，還是貴族世家或我家牛排。

這樣事事節省的生活，對母親造成很大的負擔。日常生活中被要求省下來的那些便利性的成本，全部透過母親的勤勞來補足。襪子破了一個小洞就要母親來縫補，做菜時，母親也要在流理檯旁放一個水桶，以便儲存那些用過的廢水，滿了就提出去澆花、澆水。

在父親為了家裡的生活而焦慮的時候，想必也對母親造成很大的壓力，但其實母親的家庭背景也不好。外公很早就失蹤，外婆給人幫傭、輾轉換過好多個職業，才將三個子女拉拔長大。

身為家中大姊的母親，絕對不是嬌生慣養的大小姐，她對於持家的態度相當務實且有經驗，儘管如此，在我印象中，她還是常常說父親小氣不懂得享受，只會存錢卻不知道要適度花錢。

在我小時候，我們全家曾經一起去看電影，雖然我已經忘記是哪家電影院，甚至也不記得有沒有買票，但永遠不會忘記的是，那是我們家第一次、也是唯一一次的全家電影院行程，看的是《侏羅紀公園》。在那次之後，我們全家的電影行程，除了電視電影台或網路版之外，就只有在住家附近的資源回收廠回饋中心裡每兩週一次的免費週末電影院了。

沒有個像樣的休閒生活，大概也是母親不滿的來源：明明也不是沒有錢，但就是不願意對自己或試著對家人「好一點」。

母親對父親的那些小聲喃喃，或者大聲發洩的怨念，隨著時間漸漸變少了。不知道是母親早已習慣父親過度堅持節儉的生活態度，還是在孩子漸漸成年之後，切實感受到家庭的經濟壓力輕鬆了許多，所以也慢慢開始懂得享受，用適度的金錢買一些便利與奢侈。而過去不太自主購物的我和弟弟，現在也會自己買高價的3C，同時家裡也堆放著大量的書籍、CD和DVD，我和弟弟也已經有很多次出國遊玩的經驗了。

這麼多年過去了，父親通常不太參加這些比較奢侈的消費行動，他仍然生活質樸，沒什麼消費欲望，就連他的第一次出國，也是我從日本交換學生回來時，利用請他幫我帶行李回台灣的理由軟磨硬泡，才勉強答應的。而他在日本的旅遊方式讓我知道，他大概這輩子不會想再出國玩了。

現在就算弟弟及母親都出國去玩，只剩下他一個人在家，他也沒有因此就想跟著一起出國旅遊。就算家裡其他三個人已經開始懂得花錢享受，父親自己一個人仍是在小小的鬆動中貫徹他堅持數十年的勤儉生活。從我大學畢業至今的這麼多年，他唯一自主購買的「非日常生活必需品」，就是一把二胡。

父親的休閒活動

父親的生活當中雖然很少休閒活動，但也不是完全沒有。他的工作為他的身體帶來的傷害，隨著歲月的累積，已經漸漸變得無法忽視，父親的膝蓋、眼睛與耳朵，都變得不好了。

在眼睛還禁得起長時間閱讀時，他會讀金庸的小說，我和弟弟曾經偷偷盤算每年父親節送一個系列的金庸小說給他，總有一天應該能夠讓金庸全系列小說，在家中書架充滿氣勢地一字排開，然而當我們買到第三個系列時，父親的眼睛就已經不能負荷長時間閱讀了。

在眼睛變得不好之後，父親的休閒活動也隨之變得單一，有好一陣子我都懷疑他算得上「休閒」的活動，就只有跟著我和弟弟看電視時不小心喜歡上的動畫《航海王》，就算每天只播半小時，片頭曲與前情提要無比冗長，廣告還十足煩人，他至今依然可以週週準時收看，一集不漏。

沒有什麼休閒活動的父親，在幾年前學起了二胡。當我知道這件事時，雖然驚訝，卻也忍不住為他開心。他現在每週會去廟口跟著宮廟樂隊學拉二胡，偶爾還會跟著樂隊出去為神明的割香（kuah-hiunn）[1]儀式演奏仙樂。

父親已經持續學習二胡好幾年了，雖然沒有聽過他認真拉過幾首歌，大部分演奏的樂曲也都是我聽不懂的宮廟仙樂（甚至不知道他拉的對不對），但對我來說，這才是像樣的「休閒活動」。

父親的工體農骨

對於「休閒活動」的定義，我和父親顯然有很大的落差。對我來說，休閒活動是相對於工作而來的，是讓人能夠忘記工作的一切而沉浸其中的事，但對父親來說，他的工作源自於一個技術，這項技術深深滲透在他的日常生活之中，所以要他在生活中完全與工作切割開來，是絕不可能的，而他的休閒活動，我想應該是他在工作之外願意花時間、花心力、沒錢賺也沒關係的事。

這樣說起來，從我小學開始，父親就已經培養了非常了不起的休閒活動：「農場打造」。

父親有一段時間常掛在嘴上的家訓是「要活就要動」，所以他就算沒有工作的時候，也絕對不會讓自己閒下來癱在沙發上。若空閒的時間短，他就幫著媽媽做家務，若空閒的時間長，他就動手打造「開心農場」。

我國小時，他在美濃買了一塊地，那時候家裡的車還是銀色福特的小小四人座，手搖玻璃窗的那種。每到週末，我們全家就到美濃的農地埋頭務農。我和弟弟算是相當服從家裡支配的好孩子了，好長一段時間都跟著父母挖土、灌水、埋種、施肥，耐不住小孩心性時，就在水溝溪邊抓魚、抓蟾蜍。

父親在農園放了一座貨櫃做為「室內」空間，另外還搭了輕鋼架與半露天的鐵棚，買了一座流動式廁所，牽了水電，讓那裡成為待上一整天也不會有太多不便的地方。

父親總是隨心所欲地種植，蔬菜、水果、花、觀賞植物、樟樹都種過，他曾經耗費農場三分之一的空間栽種珍珠芭樂，在不停的自我試誤中，終於種出不輸市販商品的好滋味，拜父母兩人辛勤的耕耘所賜，我們常常可以吃到賣相不怎麼樣但滋味卻很好的蔬果。

在周圍都是水塭、稻田、菸草田的農村環境中，父母親兩人共同打造的開心農場，植被複雜、物種繁多，特別顯眼。

在那裡，我和弟弟度過整個童年與青春期，我們在放乾水的水塭裡抓小蝦，在清澈的水溝裡撈大肚魚，在沒有燈光的夜晚，拿著手電筒徒手抓青蛙、蟾蜍，我們輪流霸占父親手製的盪鞦韆，爬上遮陽棚的輕鋼架最高層眺望遠山。

就算不常出門遊山玩水，也不曾花錢報名參加什麼自然野趣旅行團，我們姊弟倆透過父母的開心農場，也得以擺脫不識植物、不接觸自然的「都市俗（too-tshī-sông）[2]」污名，不知不覺間就擁有了對都市小孩來說相當奢侈的、與大自然為伍的童年生活。

父親為了能搬運更多東西到開心農場，將福特的小車子換成廂型休旅車，但從高雄小港到美濃需要一個多小時的車程，父親漸漸覺得太過遙遠。乘載了我的童年、在美濃的那座開心農場，連著那棵連我都覺得可惜的二十年樟樹，就這樣一併被轉賣了。經營了這麼久，父親瀟灑地說放棄就放棄。

但沒多久，我就知道他為什麼可以放棄得這麼乾脆。在賣掉美濃的農場不久後，他就在距離家裡約十五分鐘車程的三隆買了一塊新農地。已經超過六十歲的他，居然還能不辭辛勞地從零開始建設，從搭鐵棚、鐵屋到鋪磚、種樹，樣樣都自己來。

新農地的建設我沒怎麼參與，某天回到高雄被父母「邀請參觀」而去到現場時，那片田地已經又是一塊與周圍稻田格格不入、植被種類多樣的地方了。

新農園距離家裡更近，父親的野心也就更大了。隨著拖車工作漸漸減少，他能投入農場的時間也越來越多。過去他是一週去一次開心農場，現在一週可以多達兩、三次。不只栽種蔬果，父親甚至養起雞鴨鵝。為此，母親每天還去菜市場收集菜販不要的高麗菜葉，讓父親剁碎載去農場餵養家禽。

父母兩人如此不厭其煩地工作，讓我們家的農場，就連雞蛋與肉品，都可以自己生產了。

不過這麼麻煩的餵養工作，對於這兩位老人家來說，當然是負擔太大了，養雞大業持續不到兩年，第一批購入的雞仔都宰殺之後，他們就決定放棄這項工作。但關於農場的其他一切，他們仍舊樂此不疲，就算我和弟弟不再時常跟著他們到農園工作，他們也沒有停止打理農場。每次我從高雄收假，都能帶著自家的各種農產品回到台北四處送人，到手的食材，少說都能吃上一個禮拜。

父親對於農場投注的心力，讓人不禁認為他骨子裡還是喜歡務農的。就算為了謀生而在國中畢業後離開農村到都市做工，但他很快就讓自己在「工體」與「農骨」之間取得平衡。即便他的這項「休閒活動」，在我們看來還是一種勞動，彷彿是下班後又去從事另一份工作，但就像我放了長假就想回高雄一樣，父親每週的開心農場時間，就是他在工作之餘最接近「放假返鄉」的休閒行動。

1 割香（kuah-hiunn），去向其他廟宇神明請香火回自己廟裡供奉的儀式，常見的誤用詞是「掛香」或「卦香」。

2 都市倯（too-tshī-sông），指從小在都市中成長，與大自然無緣也不太知道大自然小常識的人，常見的誤用詞是「都市俗」。

03 鐵工父親的自製家具

父親在餐桌或日常對話中，鮮少提起自己的工作，但我和弟弟對於他在工作中會使用到的工具，卻從小就不陌生。

在我們家的車庫，可以同時找到呼拉圈、溜冰鞋、老虎鉗與螺絲起子。我從小就懂得分辨焊條與仙女棒，也總是拿著父親工作用的白雪牌石筆，跟街坊鄰居一起在柏油馬路上塗鴉畫畫，也曾經接受父親的大力推薦，和弟弟輪流用他的點焊用護目鏡看過日蝕。

那些父親工作上的生財工具，到了我和弟弟手上，都變成了玩具，父親也從不吝嗇教我們如何使用。後來想想，大概是對父親來說，日常生活中使用那些工具，就像吃飯用的各式餐具一樣，是稀鬆平常且不可或缺的生活技能。

在這樣的環境下，小時候的我，對於榔頭、扳手的熟悉度遠勝於鍋鏟、菜刀。

拜父親「凡事自己動手做」的精神所賜，我和弟弟不僅對那些工具的名稱都很熟悉，甚至在拿起那些工具時，總能從自己熟練的手法中，感受到一點身為黑手之子的架勢。

自製金紙桶、晾衣桿與推車

除了隨處可見的生財工具，父親也總不吝用他的技術滿足家裡的各種需求。

在我們家，隨處可見到他為了這個家「量身訂製」的各種家具，像是廚房中將近兩百公分長的層架、方便媽媽在廚房與客廳之間運送食物的雙層小推車、搬運貨物的手拉車、燒金紙的金紙桶、用來曬衣服的晾衣竿，都是出自父親的手筆。

這些東西都有一些相同的特色，首先材質都是白鐵仔（péh-thih-á，指的是鋼材），不容易鏽蝕、不會腐壞，只要做工好，就可以用上好幾十年。這類金屬材一向是父親最信任的材料，如果不是白鐵製品笨重，缺少溫度與美感，我猜家裡會有更多由父親打造的櫥櫃。

功能明確是這些手製家具的第二大特色。父親製作的東西很能呈現工匠務實的性格，他總是以最少的材料、最簡單快速的手法，滿足客戶的需求。

早期父親製作的家用品，很能看出跟實際使用者之間的磨合，雖然父親製作

◀ ▼ 白鐵三層架與父親牌手推車是依照母親廚房需求製作，這兩件是連母親都滿意的得意之作。

出來的東西都能滿足使用者的需要，但實際使用後，總會發現那麼一點小缺憾，比如因為用料太實在，而導致金紙桶太重，只裝了單邊提手而且沒有裝上輪子，讓母親又好氣又好笑。

第三個特色是質樸的外觀。父親打造拖車一輩子，他在意的是能否在最短的時間完成、東西是否堅固耐用、點焊的焊道是否乾淨漂亮，從不曾在乎產品的外觀是否時尚美觀。他在工作中培養出來的習慣，也同樣反映在他製作家具的態度，他總是用最快速簡單的手法、最節省材料的方式，將鋼材直的橫的焊接起來，因此他做出來的那些櫃子與層架都是方方正正的，僅有單一的金屬色澤與單一的造型，這點也沒少讓母親叨唸過。

隨著家裡生活條件安定一些，父親無論是在技術上與時間上，都有了更多餘裕，他的玩心也越顯濃厚，偶爾會在家具中做些小花樣。

印象最深刻的是，高中搬新家之後，我有了自己的一整層樓與一個獨立衛浴間，衛浴間的兩個置物架都讓父親承包了。他按照浴室空間丈量尺寸，使用上好不易生鏽的鋼材，唯一的缺點就是外觀實在太過樸實了。雖然如此，我也從未想過要對這些層架造型提出任何要求，但父親卻特別在外間的置物架兩側，切割出兩個鏤空的愛心，總計四個。

掌握著技術與材料的人通常會捨不得買他們自己做得出來的東西。

▶ 小圓白鐵凳的歷史相當悠久，非常耐用，常常在戶外烤肉時派上用場。

▼ 我浴室裡的置物架，可以看到用Hello Kitty磁鐵當模型畫出來的愛心造型簍空。

那時父親把便利商店贈送的愛心造型Hello Kitty磁鐵拿來做模型，用石筆畫在鋼板上，再用CO_2俐落漂亮地切割下來。他一邊將完成的層架鎖在牆上，一邊用著有點得意的獻寶語氣說明製作過程，當時的我反應冷淡，大概是覺得不多做這道手續也無所謂。但事後想想，父親大概是想著這件家具是女兒要用的，為了維持青春期女兒的少女心而煞費苦心，畢竟這可是家中手製家具當中最豪華花俏的造型了。

什麼都自己做、自己修理

想要什麼，就先自己試著做做看，壞掉的東西，也是自己先修修看，我想這是父親這種匠人師傅都具備的共通性格。大至農場建設小至家中水電家具，甚至連我從二手家具店用新台幣四百元購買的二十二吋行李箱，因為輪子太小且鎖得不夠穩定，導致用沒幾次就磨破了箱底，父親也能設法修理。

我本來想說這只是便宜的二手貨，打算丟掉了事，但父親卻用粗螺絲加固輪子，並且在箱底硬是鎖上了塑膠片加固。原本有著布質外表、流線造型的紅色行李箱，一時之間變得很有變形金剛的味道。父親鎖上的螺絲釘突出好大一截，常常在使用者的腳踝造成大大小小的傷口，但那個行李箱仍是憑藉著父親的手藝，硬是續命了好幾年，為我們家盡心盡力到最後一刻。

父親的節儉性格在許多時候都讓我們覺得沒有必要，而且哭笑不得，但他這樣的性格也身體力行地教會我們最重要的價值觀：不要浪費。

直到現在，當我要丟掉舊衣服或還堪用的東西時，就算父母都不知道，我還是會有點負罪感。家裡灌輸的根深蒂固價值觀，常常讓我在「斷捨離」之前猶豫搖擺，父母的身教至今仍深深影響著已經好久沒在他們身邊生活的我。

從來沒有仔細回憶家裡的生活，也從沒想過自己的腦袋裡藏著這麼多關於「謝家」的芝麻小事，好像一經回憶，就會像水龍頭一樣不斷流洩出來。這些都是我曾經模糊想過或者從來沒意識過，卻對我造成重大影響的事。

儘管現在我和弟弟的生活和習慣，以父親的標準來說，已經完全不能說是勤勞節儉了，但一切追求質樸簡單的本質，應該沒有太大變化。我們不敗家、不拜金、不過分追求奢侈品、不喜歡菸味、不擅長喝酒、沒有染上不良習慣，凡事都會試著先自己動手做，放在自己面前的食物會盡量不浪費地吃完，碗裡不留下一粒米，我所認識的植物經常比身邊的朋友還要多。

離家之後，雖然我的生活習慣和消費習慣已經和父親差距頗大，但在細節上的小堅持，仍會讓人感受到在血緣之外，我與父親之間的連結。

04 身爲農家長女的媽媽

我的母親是高雄人，經由公司同事介紹而認識父親。兩人相識之後，父親騎著他的光陽王牌135，載她出去約會過幾次。母親在二十九歲的時候與父親結婚，並在三十歲生下了我。以那個年代來說，母親算是晚婚的。

母親出生於農村家庭，家裡有三個兄弟姊妹，她是長女。他們一家人靠著幫農維生，在母親還是嬰兒時，外公外婆就會帶著她一起出門工作，用著一台嬰兒車把她放在田埂陰涼處。雖然離農田不遠，但外公外婆一旦忙起農事，就無暇管照她，她曾經餓到吃自己的排泄物，直到路人發現，才被制止。

三歲就必須幫著照看妹妹，五歲就會幫忙煮飯，在農家出生的長女，並沒有什麼選擇無憂無慮童年的權利。原本生活就清苦的一家人，在母親小學三年級時又遭遇了一件大事：外公離家並且失蹤了。他一離開就是好幾年，雖然曾經短暫尋回過一次，但因為精神狀況出現異常，不久再度失蹤，從此再也沒有回家。

身為家中經濟支柱的外公，留下三個孩子，就此不知去向，原本拮据的一家人，因此更加困頓。頓失依靠的外婆，只好靠著四處幫農、幫傭或打零工來維持家計。雪上加霜的背景，讓母親的生活軌跡非常符合典型農家長姊的生活：刻苦、勤勞、早早就開始工作幫助家裡的生計。

長女的責任

母親國小快要畢業時，學校一位正準備生產的老師，知道母親的家庭困境後，提出一份邀請，她叫母親不要繼續升學，先來幫忙老師「洗月內（sé guèh-lāi）[1]」。母親說，當時如果不是有人跟外婆說讓還沒出嫁的女孩子「洗月內」不好、會犯沖，外婆可能會同意母親到老師家裡當助手。

但未婚女子「洗月內」不好的助言，並沒能讓國小成績還算不錯的母親繼續升學。家裡的經濟狀況讓她不得不趕快開始工作，以便幫忙供應弟弟妹妹的生活開支及學費。母親連像父親一樣去學個技術的餘裕都沒有，國小畢業就開始工作的她，只能選擇以鞋店店員做為起始點。

一九六六年，母親九歲，高雄前鎮加工出口區成立，兩、三年後開始招募大量女工，母親順勢成為騎著腳踏車在加工出口區出入的數萬名女性之一，在輸送帶前用纖細的雙手，操弄各式不知道將來會組裝在何處的零件線頭，扮演著台灣經濟起飛的重要螺絲釘。

某天下午，我與母親翻看著她十七歲左右的照片，那是彩色相機剛剛普及的年代，媽媽留下了一些和朋友一起出遊以及員工旅遊的照片，有些構圖取景彷彿電影明星的形象照。

我試圖從裡面尋找媽媽年輕工作的線索，其中一張站在遊覽車前的獨照，是媽媽於員工旅遊時拍下的。這張照片吸引了我的注意力，那台巴士車體上的字樣，只有「機股份有限公司」被拍進照片當中。我問母親那張照片是在哪家公司工作時拍攝的？她竟然前後提出三個不同的公司名稱，並且猶疑不決。

母親在加工出口區工作的時間很長，重複性、同質性太高的工作，讓她雖然可以一一叫出她待過的公司名稱，卻不能具體記得在工廠裡認識了哪些人或發生了什麼事。最常聽到她提起的一段往事，就是在一個暴雨的日子，她騎著腳踏車到加工出口區上班，卻因為水溝淹水，她搞不清楚水溝與馬路的分界，竟然硬是騎著腳踏車摔進水溝。

這個意外在她的大腿上留下又深又長的一道傷疤，二、三十年過去，如今疤

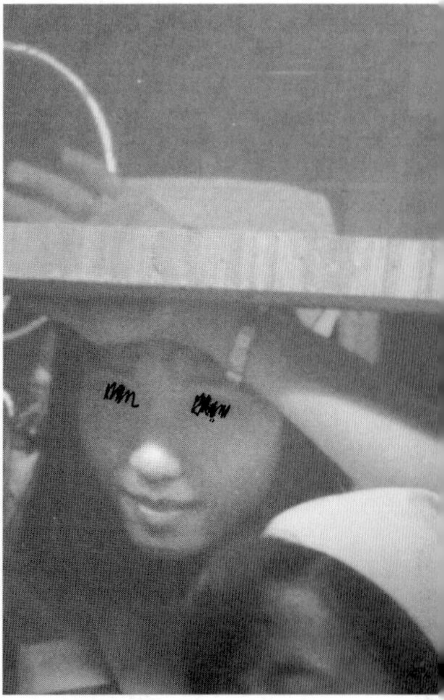

媽媽曾在前鎮加工出口區當過很長一段時間的女工，大部分是電子廠，左圖是媽媽員工旅遊的照片，我曾詢問她是哪家公司，她居然因為曾經待過的公司太多而回憶不起來。右圖是她跟同事的合照，同樣的，她也想不起是哪家公司了。

痕已經變淡了不少，但在我小時候卻相當清晰可見，甚至有點怵目驚心，至今我都還記得那道傷疤的模樣。

在小港落腳

母親直到二十五歲才透過夜間補校補回自己的國中學歷，二十七歲透過媒人介紹認識我父親，並在二十九歲結婚成家。

從國小畢業到結婚的這十幾年間，她與外婆、二阿姨靠著辛勤的工作與刻苦的節儉生活，存了一筆錢。透過報紙廣告，母親與外婆兩個人大老遠從現在市中心的獅甲，騎著腳踏車到小港區看房子。當時小港區因為港口、機場的興建，似乎正是發展的好時機，她們用自己的一筆存款搶占了先機。

誰知道，小港因為是重工業區，後來的發展不如獅甲地區快速，當獅甲一帶已經是高樓大廈林立的時候，小港仍是二十年前的樣子。

搬到小港之後，外婆頂下一台麵攤的三輪車，每天推著車子走了老遠的路，仰賴賣麵給附近的工人來維持生計。

這個發展緩慢、重工業、製造業工廠林立的地方，也正是父親工作來源最集中的地方。母親與父親在小港相親相識進而結婚。結婚時，母親用自己的工作存款當作嫁妝，外婆則用她的存款支付了新房的頭期款。新婚的兩人在距離外婆家不遠的一條無尾巷（bô-bué-hāng）[2]買了一間新房，登記在我母親名下。

考慮到兩人的經濟狀況，母親在結婚後並沒有馬上辭掉工作，三十歲生下我的時候，還一度交給隔壁巷的鄰居，讓她充當褓母照管我。直到懷了我弟，而我的褓母也因為我不明原因的上吐下瀉而嚇得不敢再擔任褓母，母親這才辭了工作，當起專職的家庭主婦。

隨後母親、父親兩人就算十多年後在新規劃的社區買了更大的新房，也陸續在高雄其他行政區小規模置產，卻再也沒有離開過小港。

跟其他工人階級家庭出身的同學相比，我們的家境可以說是小康（小時候家境調查表，母親總是要我這樣填），父親的工作大致可以支持母親在家裡的全職主婦工作。我和弟弟能夠在溫室當中無憂無慮、衣食無缺地成長，很大部分必須歸功於父母親一人主外、一人主內的家庭分工。就算家計緊張，父母也很少直接對孩子說出他們的煩憂，我和弟弟僅能在餐桌上偶爾聽到一點，或從日常生活中感覺到緊張的氣氛。

在神明廳裡踩著裁縫車的母親

懷了孩子辭職之後，母親也不曾放棄工作。她在我還念幼稚園的時候，就去學習裁縫以及簡單的電腦操作，還考了汽車駕照。她的裁縫技能跟父親的鐵工技能一樣，為家裡添加了許多再生資源的手工品。小時候有幾件布料紮實但花色微妙、讓我有點不太能接受的洋裝，就是出自母親之手。

媽媽擔任設計師的功力與眼光，可能略顯不足，但縫縫補補的技能卻讓一家子省下不少開銷。我們的制服理所當然先買大尺寸，經過母親的裁縫車，就能自由地放大縮小；褲子、裙子也習慣先買大尺寸，反正母親可以透過針線調整。

但母親裁縫事業最大的營業對象還是父親。父親的工作服一直都會有火星燙出來的坑坑洞洞，母親於是利用淘汰的牛仔布料衣服，剪下一塊塊的布料，來縫補這些坑洞。

當家中成員衣服的尺寸不再合身，或是穿膩了不喜歡，只要交到媽媽手上，就有機會看到它被改造重生（大部分是媽媽改完自己穿）。襪子破洞了，也先不要丟，媽媽可以補起來。她或坐在針車前，或拿著針線坐在沙發上，母親的縫補手藝跟父親凡事動手自己修理的習慣，在我看來是象徵我們家節儉的兩大代表行為。

一個以鋼鐵營生、一個與布料為伍，他們兩個幾十年來儘管大吵小吵從沒停歇，但一剛一柔之間互補的恰到好處。

一直到我國中，母親都有接家庭代工的工作，記得在我國小時期是零件組裝、螺絲釘封裝等技術門檻較低的工作。那時候一家人常常是吃飽飯後，一邊看八點檔，手上一邊做這些家庭代工。

後來這些家庭代工的工作漸漸變少了，母親轉而仰賴裁縫技術，陸續接了舞衣、口罩代工的工作。那些塑膠製的舞衣味道不好、就連口罩使用的材質也讓人質疑是否符合健康標準，但也是在媽媽接了那些家庭代工之後，我才注意到，那些用料品質不佳、放在商品陳列架上也許我不曾看過一眼的東西，背後可能是一個一個的人日以繼夜踩著裁縫車加工出來的。

母親學裁縫時買的裁縫車，有一段時間就放在三樓的神明廳。她常常在打點完家務之後，在夜裡點著燈、戴著口罩，一個人踏拉拉地踩著裁縫車。

她從事裁縫代工的那段期間，也不知道是不是家庭經濟狀況並不樂觀，她努力以她能做到的方式跟生活上的經濟壓力進行拉鋸戰。我和弟弟從沒被告知過家裡的生活壓力，對於她肩上所扛的責任似懂非懂，又難以分擔她的工作，只能偶爾剪剪線頭、穿穿橡皮繩、幫忙將正確數量的口罩或舞衣裝進透明的大塑膠袋裡，然後再搬到一樓，等待包工頭來載走。

此外大部分的時間，我都只能看著母親在裁縫車前埋首的背影，那大概是我一生中見過母親最接近戰鬥姿態的時刻。

勤儉之家的「媽媽」

我們搬離那條無尾巷之後，持續往來的鄰居只有王家人，緣分來自於媽媽曾是他們家小女兒的褓母。王家父母，一個是清潔用品公司的業務員、一個是房仲，下班時間晚，所以有時候我們下了課，當母親要進廚房打理晚餐時，我們就會接手帶小孩或是陪小孩玩。

我曾經聽過好幾次王家媽媽稱讚父親，說他節儉顧家又勤勞，媽媽會帶著不好意思的語氣說：「就是太節儉了啦！什麼都捨不得花。」王家媽媽則趁勢稱讚：「就是節儉才能又買地又買房子啊。」這段對話，讓我對於勤儉家訓大為改觀，感覺自己也被稱讚到了，與有榮焉。

也許是父親節儉的性格，隔三差五的家庭出遊，幾乎未曾有過，但一到週末就啟動的家庭農場之旅，卻一次都沒少過。

對我和弟弟來說，童年時期雖然沒什麼家庭旅遊的經驗，但也沒有被關在家裡的感覺，家庭農場之旅有意義地填滿了我們的童年。但當時母親心裡是不是也曾經希望偶爾去漂亮的店裡喝個下午茶、在百貨公司大膽地放手購物，或是出國去看看台灣以外的地方，我已經不得而知了。

身為一個全職媽媽、全職家庭主婦，母親的生活圈很小，我常常在想，當父親出門工作、小孩出去上課的時候，她一個人在家都做些什麼？偌大的一個房子，眾多而繁瑣的家事，一直以來母親都管理得有條不紊，因為總是有她在家裡做後盾，所以父親可以天天回家吃晚餐、我和弟弟則能有求必應。

曾經有段時間，我感受到母親的壓力很大，但那並不是家裡經濟狀況還不穩定的時候，而是小孩大了、生活漸漸無虞之後的事。

當外在壓力釋放之後，來自內在的壓力就會慢慢膨脹，太狹窄的生活重心跟太小的生活圈，讓母親的壓力無處釋放，甚至認為沒人願意聆聽她的心裡話。那時候家裡偶爾會有零星的衝突。

鬧得最大的時候，曾讓父母親兩人將過去的舊帳放在對方面前，用情緒化的語言彼此傷害。那是我有能力感受、且最直接體會到母親身上所積累壓力的一次。壓力的來源就是，原本應該與她最親近的家人卻各自在外有重心，沒有人好好面對家門之內的人與事。

當我們各自用盡心力面對家門之外的世界時，沒有人想到母親在家裡面，也在面對她生命中最重要的小世界，也會希望這個小世界裡的人，能夠聽她說說話。

那次父母吵架的結果雖然是我、弟弟、母親三個人哭成一團，但那中間我和弟弟試圖用「局外人」的角色分別面對他們，用柔性與理性的語言勸說，也讓我們有種「變成大人」的感覺。一直是「孩子」的我們，第一次真正參與到這個家中，一起面對並試著處理家中另外兩個成人的情緒。

媽媽的「退休生活」

現在母親每天都出去運動，上午鮮少缺席，也每週都到派出所擔任志工，交了許多朋友。有時候我回家三、五天閒在家裡，也看不到她有閒下來的一天。母親和朋友打扮漂亮，一起聚餐出遊、團購、研究料理、聚在一起三短五長。

三姑六婆在一起，不免會遇到讓她受傷的人與言語，偶爾也會聽她抱怨社交生活中遇到的困難，但我想一加一減之下，她還是受益較多。

如今，母親會有限度地自主安排時間和活動，用社區婆婆媽媽的方式，適度脫離「家」這個小小牢籠的束縛。

這幾年來，媽媽都會跟朋友一起組團出國去玩。印象最深刻的是，有一次我邀請德國留學生朋友來家裡玩，她竟然拿起她正在評估的德瑞十二日遊行程，讓這位德國朋友判斷優劣，看得我又羨又妒。

看著母親從鎮日在家中打理家務，到現在幾乎天天都有活動要出門，偶爾還嘗試料理從朋友那邊學會的新菜色，跟我小時候印象中的那個母親相比，似乎明快了許多。雖然也不知道現在，這個家給她的壓力與束縛感，是否稍微減輕了一些？

1 洗月內（sé gueh-lāi），幫忙坐月子的孕婦洗孕婦與寶寶的衣服。

2 無尾巷（bô-bué-hāng），指有一端是死路的死巷。

05

家庭主「傅」

一個工人階級的小孩在成長過程中，若是得以十指不沾陽春水，我覺得都可以算是嬌生慣養了。以此標準衡量，我和弟弟簡直就是工人子女當中，嬌生慣養的最佳代表。

我為了求學而離家之後，什麼事都要學著自己做，才知道平常母親的工作當中蘊藏多少玄機。

母親責任心強，家裡的工作由她擔任總指揮，並且常常一手包辦，有時候她一忙起來下指令的樣子，真是氣勢逼人。

我常常想，她會這樣大概是因為她是長女，而且在她年紀尚小的時候，身為一家之主的外公就消失不見，所以她國小畢業就得扛起家庭責任，直到三十歲才相親結婚。

在結婚之前，母親一直都在為外婆分擔家庭責任，並在工作中度過她的青春年華。在沒有太多人可以依賴的狀況下，讓她養成寧願自己忙碌，也要事事管轄的工作習慣。

媽媽的除夕

家庭主婦的工作常常不被認為是真正的「工作」，也很少受到重視。然而事實上，當我求學之後，為了學位在學術場域討論父親的工作與技術的同時，在生活上也漸漸體認到母親做為家庭主婦，在數十年重複的家務之中，也累積了大量的默會知識，那些都不是身為女兒的我，輕易就能複製的，其中最顯著的項目，是做菜。

家裡的廚房常常讓我覺得難以涉足其中，因為做菜是一項相當仰賴默會知識的事情，外行人或跟不上大廚步伐的人，在忙亂的廚房中，往往只是拖慢整體工作進度的罪魁禍首。某年除夕，尤其證實了我的觀察。

我們家除夕都會在自家的佛堂謝神祭祖，通常這一天，母親必須準備除夕中午前要完成的十道菜，外加白飯、水果、糖果餅乾、飲品酒水，以及從初一到初五都要在佛堂祭拜的四果、年糕發糕（發粿，huat-kué）蘿蔔糕、糖果餅乾、隔春飯

(keh-tshun-png)、長明燈等等。幾乎同時，在一樓還必須另外設立一個臨時祭拜位，面向屋內，也同樣必須準備十菜、蔬果、白飯、糖果餅乾與飲品等等食物來祭拜地基祖。午餐過後則必須在自家門口設立第三處祭拜位，準備糖果餅乾、水果、蘿蔔糕、年糕來「拜門口」。

每年母親都是上午七、八點就進入廚房工作，父親會在一旁協助，而小孩子的我和弟弟會被允許多睡三十分鐘、一小時。通常我和弟弟吃早餐時，母親已經在廚房裡忙個不停了。

隨著每個節日要祭拜的品項位置不同，「拜拜行程」持續的時間也會不同，比如最為複雜的除夕或中元節，可能都必須從一大早忙到下午三點，才能完成一整天的祭拜儀式。

為了不讓各處的祭拜品重複使用，以免對神明不敬，母親對於菜色的安排、擺放、水果與糖果餅乾的分類管理，都有所講究。哪些是必備的傳統元素，哪些水果可能會有不好的寓意，都要注意。

耐放的水果可以放初一連續到初五的祭壇，可以曬點太陽也沒關係的餅乾，可以優先放在門口祭拜。菜色盡量不要湯湯水水，但魚、肉、菜一定要樣樣兼備。

拜拜的規矩眉角（鋩角，mê-kak）零零碎碎，我從來沒有搞懂過，我想我們家能夠掌握這一切的，只有母親一個人。這些冷熱菜供奉物的準備、儀式的流程控制與主持，理所當然全部都必須由母親一手操辦。除夕與除夕前幾天，大概是一年之中母親最累、也最能展現持家管理能力的時候。

面對這樣重要的節日，我和弟弟年紀還小的時候，可以在採購時幫忙拿東西，除夕當天則可以起個大早，待在廚房角落，幫忙洗菜、處理菜莖、菜梗，並把煮好的食物搬到樓上的佛堂，或者幫忙挑水、搬桌子、清理垃圾……，做些簡單的體力勞動。

待我們年紀再大一點，則會幫忙拿菜刀切菜、擺盤、偶爾可以拿到鍋鏟，但大部分的下場都是被碎唸沒有做好，然後拖累進度。

那一年除夕早晨的廚房特別緊繃，不知道是不是我們這些外行不只搗亂過頭，還一直顧著跟母親聊天，害她無法專心工作。但也可能是除夕前幾天，她忙著自製年糕、蘿蔔糕、烏魚子、棗核糕，還為了招待大年初一要到家裡作客的德國朋友，特地做了鳳梨酥。

無論是什麼原因，總之原本應該事先安排好的水果、糖果餅乾，都沒有像往年那樣早早分配妥善，導致我們到了十一點半，才堪堪完成所有廚房的工作。

時間越是緊迫，母親越是著急，父親、我和弟弟三人也越沒有出手幫忙的空間，因為一插手可能只是添亂。最後我和弟弟只能擔任安撫的角色，避免父母兩人之間一觸即發的衝突。

所幸，一場看似要爆發的戰爭，因為比不上祭拜的時程重要，在加快腳步的工作中，他們兩人相互略過，而完成祭拜之後，也就沒事了。

這次的經驗又讓我更客觀地觀察到，一個家庭主婦在廚房中或在家庭重要儀式中的角色，是如何地舉足輕重，也體會到「家務勞動」可能是隱藏在我們生活中，被忽略不計的重要「默會知識」。

雖然菜色的調理程序可以化為食譜，家務勞動的技巧可以變成生活小常識，並透過書籍或電視節目來傳達與呈現，但細細問起每家拜拜時會做的、不會做的事，那種家家不一樣的特色，正是來自每一位負責操辦的家庭主「傅」長年累積下來的獨家默會知識，讓他們一個個成為其他家庭成員也難以取代的家庭「師傅」。所謂的「家鄉味」和「媽媽的味道」，大概也是同理可證了。

家中的兩位師傅

我一直覺得，媽媽在某方面，比起我和弟弟，都更能理解父親工作的方法與本質。他們四、五十年間從事的工作，從根本到原理都是可以相互對照的，也是外人難以插手的。所以比起我需要費勁很大的力氣理解「師傅」一詞，母親大概更能輕鬆認識到父親身為「師傅」所掌握的技術，有什麼樣不可取代的價值。

母親可能也說不出父親具體的工作內容，但她能理解父親所掌握的技術如何可貴與重要。相似的背景，相同的工作邏輯，讓我們家的兩位「師傅」，雖然風波爭吵不斷，卻也能夠彼此認同，相互支持到今天，並持續一直下去。

／後記

板台忠的最後一天

「阿忠那邊要收起來了。」當我還在跟父親討論要找間工廠拍攝一些工作現場的照片時，父親突然這樣跟我說，問起原因，父親淡淡地回應，「大概是年紀大了，要退休了」。於是我們的攝影場景，就選在板台忠的工廠。父親特地在二〇二〇年九月底安排了工作，讓攝影師可以捕捉足夠的畫面。

上次見到板台忠已經是八年前的事了，二〇一二年訪談留下的印象是，工廠規模不大以及板台忠本人相當健談，只要說起他的工作經歷以及對輪軸的研究，他就可以滔滔不絕地說個不停。

八年後再次相會，卻是截然不同的景象，不僅工廠位置換了，占地也更大了，廠內養了兩隻狗，更多了他大兒子與妻子的身影。忠叔本人的心境似乎也有了諸多變化，雖然幽默開朗依舊，但言談之間卻好像他在這幾年間看透了什麼。

忠叔的新工廠隔著一條中山路就是小港國際機場，工廠圍牆外面有一個供民眾觀賞飛機起降的觀景台，常常有人帶著相機去拍攝飛機起降的瞬間。這個新工廠占地四百坪，忠叔跟他的弟弟合租，一半是忠叔做為工廠使用，一旁還有著鐵棚架做成的辦公區，以及架高貨櫃屋做成的休憩空間，還有大片水泥空地，忠叔弟弟使用的另一半有另外一台架高貨櫃屋、鴿籠以及盆栽，而廁所與一個鐵皮搭起的工具間，則是兩方共用的空間。

忠叔使用的那一半空間到處堆著零件材料，看似隨意堆置的垃圾，其實都是可以再拿來使用的材料，若當作垃圾處理，就只有廢鐵價格，但在他們這些與鋼鐵焊機為伍的師傅眼中，似乎沒有不能再利用的物品。

我、父親和攝影師、攝影助理幾乎同時抵達工廠，忠叔與夫人熱情招待我們，一開口就先跟父親互相調侃權作招呼，兩個人在有來有往的對話中，忠叔的大兒子已經把今天會用到的機具從工具間拿出來設置好了。

一旁的夫人則問我們要不要喝飲料。她說他們天天會訂，而且只要我父親來到這裡工作，就一定會幫他訂兩杯咖啡。聽她這麼一說，我總算知道常常在我家冰箱出現的手搖杯咖啡的來源了。

父親和忠叔兩人認識十多年了，從他們相互調侃的內容與對話來看，他們是交情不錯的工作夥伴，大概也合作過不少次了。這次他們的工作內容是割下兩台板台原有的舊底板，按形狀切割兩塊新的，再將新的重新黏回去，最後在新做的底板上噴上新漆，就完成工作了。

在忠叔與父親開始動手之前，他們並沒有特別商量與分配工作，當我和攝影師注意到的時候，一個人已經用石筆在鋼板上畫型，另一個人則開始拆除車上原有的舊底板了。

工具不會累，累的都是人

一邊工作一邊聊天，忠叔慢慢跟我談起這幾年的變化與遭遇。

原來在我們第一次見面之後，他的舊廠土地被地主收回，他只好另尋廠址，遷移到機場旁邊的這個地方。當時正逢大兒子從軍中退伍，多了一個人力可以來協助他，加上新覓得的這個空間比較大，忠叔因此有了拓展工廠規模的契機，但事與願違，他在二〇一八年心臟主動脈剝離，開了一場大刀，暫閉工廠，休養了好幾個月。

忠叔工廠所在的這條路，曾經都是相關產業的車廠與零件工廠，但近幾年大家都忙著拆遷，有的甚至夷為平地、為了將來要在此處進行的新工程而重新鋪面。問起忠叔這區工廠拆遷的理由，忠叔說是周邊居民抗議工廠環境不佳，大車進出危險，影響附近區域安全。抗議的居民發動里長找來立委、議員關切，把這個地方重新規劃，說要蓋成公園。

提到蓋公園，忠叔十分不以為然，認為這之中一定有官商勾結。究竟是不是如他所說，背後有不為人知的利益交換，我們不得而知，但地主連年調漲地租以及三番兩次刁難，加上一場大病讓忠叔的身體大不如前，在家人強力勸說之下，終於使他萌生退意。說起即將關閉的工廠，忠叔有諸多不捨。

環顧工廠四周，看似雜亂的擺設與器材，都是忠叔數十年工作生涯的累積，而做為休憩用的貨櫃屋外圍，上了彩色的油漆，仿紅磚牆的圖樣則是忠叔夫人的大作。廠中陽傘、切割機與焊機都有自製底座還附加輪子，能配合師傅們的移動調整位置。

我在八年前看過的輪機修理工序說明書，如今每頁都加上了護貝且整理成冊，零件材料按類別堆放，過去是為了需要的時候可以很快找到，現在則是為了賣人、送人時方便處理。

忠叔說，「工具不會累，累的都是人，人要休息，工具雖然都還可以用，但也不得不跟人一起休息了。」自從確定要退休以後，忠叔就四處聯繫同業朋友，尋找廠內物品的買主。但同業越來越少，各廠家的需求也越來越低，那些還找不到買主的工具機、零件和材料，最後可能只能以廢鐵價格賣給回收業者。

一想到陪著他度過工作生涯的寶貝們最後可能淪為廢鐵，忠叔晚上便睡不著覺。但是，有再多情緒，工作還是得完成。父親俐落地用CO_2切割機在鋼板上割出弧線，看著正在埋頭工作的父親，忠叔夫人對我說，你爸爸做事情就是手腳快，像這種工作他不用一天就可以做完，讓別人來做還不一定。

夫人雖然不會實際參與修車的工作，但天天跟著丈夫、兒子待在工廠，看的也多。她的大兒子在職業學校主修輪機，退伍後隨著父親從事聯結車維修保養工作，以學徒的身分跟著駐廠師傅學習。

夫人說，師傅的熟練度與經驗明顯影響了學徒學習的進度，以及工作時的疲勞程度，就連學徒都可以感受到其中的差異。她大兒子在工廠當學徒時共有兩位師傅，兒子有時候回家就說，跟著手腳不快、技術不好的師傅一整天下來，就是會比較累。

儘管已從職校畢業，忠叔的大兒子在拖車產業卻還沒出師。夫人說他的切割技術還只能直切橫切，要出師恐怕還需要再努力一段時間。

大兒子雖無意承接父親的工廠，卻似乎有意在拖車產業繼續工作下去，忠叔已經幫兒子跟認識的工廠談好，今天板台忠最後一單工作結束後，就要到那家工廠以學徒的身分繼續學習。

大家互相

忠叔做做停停，偶爾有人來訪，偶爾接個長長的電話，中午過後還在貨櫃屋小睡了一下。他說現在身體大不如前，沒辦法像以前一樣一直做，中午必須睡覺才行。父親就相當按表操課，十二點一到就午餐，休息到一點就去工作。

父親說，以他領薪水工作的立場來說，忠叔親自來做，就算是「幫忙」，有時候忠叔和大兒子一起幫忙做時，父親甚至還會在領薪水時少算個五百、一千，對於誰做得多誰做得少，不會計較太多。

像這樣「大家互相」的精神，忠叔也很在乎。他說就是因為跟父親之間有相似的往來方式跟工作性格，他才能跟父親保持這麼長期的關係。

忠叔從業數十年，豪爽的性格為他培養不少長期的顧客，就算是在進行最後一筆工作的今天，也少不了要接委託工作的電話。忠叔剛掛掉一通問他能不能幫忙修車的電話，他跟我說「這幾天都忙著跟老客戶打招呼，介紹他們去別的工廠」。因為工作量變少、環保意識增加，導致開廠成本高漲，再加上找不到接班人等種種因素，高雄關掉了為數不少的小型保養工廠。這些收廠的頭家會為客戶介紹自己熟識、信賴的同業，同行之間培養起來的交情在此時發揮作用，將要退休的頭家因為能夠為客戶找到值得信賴的工廠，而不至於「對不起客戶」，其它工廠也能因此得到額外的客源。

父親、忠叔、忠叔兒子三人的動作很快，下午三點才過，今天排定的維修工作就已經結束了，但兩位師傅似乎還沒有要收手的意思，只見父親從一旁推出一座燒紙錢的金紙桶，說他已經答應要幫忠叔修好這個金桶，今天剛好可以幫他做。

金桶底部已經鏽蝕破洞，需要割掉舊底換上新的，這對父親來說當然是小事一樁，但為什麼忠叔需要父親幫忙做呢？我的疑惑很快就得到解答，問題就在於金紙桶的底是圓的，鋼板的弧線切割是一大難關，更別說要切出一塊漂亮的圓板，在這方面，忠叔沒辦法做得像父親一樣漂亮。

只見父親用石灰筆就著金紙桶在鋼板上畫好圓形之後，拿起工具就是俐落地切出圓形。忠叔的夫人又再次說，能像你爸這樣把圓形切得又快又好的，真是找不到幾個。

我怎麼也想不到，自己目睹父親展現重要技術的時刻，竟不是在他面對拖板車而是在他幫人修理金紙桶的時候。

維修金紙桶的過程中，父親和忠叔起了個小爭執，忠叔堅持要在底部開五個大洞，但父親說那樣會嚴重掉灰。

顯然父親是說不過忠叔的，反正之後掃灰的工作也落不到自己身上，看著忠叔拿600ml的寶特瓶在新黏上的底板畫上五個大洞之後，也就按圖切割了。

面對這場爭執，父親倒沒有過去與頭家爭論拖車製造流程時的堅持，瀟灑地說「頭家說了算」，然後再補了句「反正掉灰是他自己要清」。

在他們的互動中，我看見了他們在長年相處中培養出來的同業情誼。他們之間的關係有頭家跟師傅的分界、有技術的互補、有不過分介入但又不生份的私人情誼，他們透過在彼此工作之外的私領域，分享工具、材料與技術，從而達到鐵工師傅之間特有的情感交流。

修好金桶之後，父親順手用忠叔工廠中的機具材料修理他農場工作用的耙子與鏟子，待父親完成後，今天的田野也將告一段落了。忠叔一邊採收種在工廠停車場旁的辣椒、一邊跟我們道別，同行的攝影師臨走前還在忠叔的熱情下，帶走了幾件看起來很有歷史的工具箱，準備帶回家整理之後再利用。

漸漸退場的師傅

父親對著忠叔說：「這樣我以後又少了一個可以練痟話（liān-siáu-uē）[1]的人了。」忠叔笑著說：「你別怕，我退休後就常常去你家泡茶，泡到你會怕。」

在我碩士階段做這個研究時，沒有餘裕深入理解師傅同行之間的交流模式，也曾經認為父親在同行間沒什麼親密的友人。不過這次跟著父親陪忠叔走完他職業生涯的最後一單，我又再次回想起以前常常在父親口中聽到的「三寶」、「小胖」等師傅，想來他們在我從未參與的工作狀態中也是像這樣在公事、私事夾雜的獨特交流模式之中，培養出只屬於他們的「親密無間」的情感。

在我碩士論文訪談結束到成書的這段時間，已經過了十年了，當時我訪談的師傅，有的已經退休，連父親都不知道對方的近況，如小胖，有的已經過世，如吃素的忠仔及三寶叔。

受到高雄近幾年發展與轉型的步調影響，前鎮小港一帶住宅慢慢變多，許多大工廠如新尚餘就搬離前鎮原址，往更郊區的地方遷移，而個人經營的小型保養廠則隨著頭家年事漸高，慢慢關門。

父親這一輩的師傅、頭家也漸漸退休，甚至有些已經過世，看著長年搭檔培養出情感的同行日漸離開，不知道父親心中是什麼感覺？

連假結束，在我要回到台北的那一天，父親準備騎車送我去捷運站之前，他接到一通電話，對方是忠叔以前的客戶，有一台需要老手師傅維修的車子，忠叔將他介紹到我父親這邊。

父親有點遲疑，因為他是個人戶，沒有工廠與機具，跟對方說明之後，對方提了一間工廠的名字，示意父親可以去那家工廠做這個單，那是父親不熟悉的地方，急著出門的父親跟對方說要想一想，就讓對方等待他的回電。

已經半退休的父親，因為一位退休頭家的介紹，可能要接下不熟悉的客戶，並且到不熟悉的工廠工作，這種訂單跟新的緣分的由來，很有講究人脈關係的拖車產業風格，雖然父親在這個年紀，還要適應新客戶、新環境，對他來說可能不是太有吸引力，但對方是忠叔介紹的，對有工作做總比閒著好的父親來說，也許很值得好好考慮。

高雄的拖車產業隨著我父親這一輩師傅的引退，勢必面對一次重大轉型，小型保養廠面臨成本增加與接班人的問題而漸漸消失，現有的新車製造已經明顯集中在幾家大廠手上，產業可預見將慢慢走向集中化、規模化，工廠的分佈也會漸漸撤離舊高雄市。

然而這些都不是我父親要考慮的問題了，他不需要接班人，對於自己的一身技術似乎也沒有非傳承下去的責任，對於拖車產業，他也沒有非得發揚光大或者讓它存續下去的決心。這個他從事數十年的工作，從一開始就是為了養活自己才迷迷糊糊加入的；提升技術、拓展人脈也是為了有更多工作來源養家活口；不當頭家不開工廠，也是希望肩膀上不要扛下太多額外的責任。正如同他十五歲時孑然一身地走進工廠，現在的他，隨時可以毫無留戀、乾淨俐落地引退離開。

看著父親現在忙碌於農場和二胡班之間，有時間有緣分就接接工作，日子忙碌又愜意，也許他也很慶幸自己當初所做的決定——「做師傅就好」。

向拖車師傅致敬

終於完成這一本書，過程漫長的讓人不敢置信，曾經無數次興起放棄的念頭，最後卻都堅持了下來，因為寫這本書的過程，讓我想起很多事情。

當年寫論文時，滿腦子只想問出好問題、只想蒐集到好答案，只想將材料鋪陳為符合自己想像的提問與論證，卻沒有時間好好面對自己的成長，而這本書給了我這樣的機會。

我想起小時候迷上五月天卻不懂要拿零用錢去買專輯，只能跟同學借CD回來用錄音帶轉錄的自己（當時覺得自己真是天才）。想起小學畢業前要跟著國小籃球隊出國比賽時，父母沒有太多猶豫就掏錢讓我到歐洲轉了十四天，但當時的他們明明連自己都沒有出過國。那時我拖著出國的不是行李箱，而是土色的、拉開約有半個我高的超大行李袋，行李袋不會自己站立，只要沒有人扶好就會倒塌，讓我不得不隨時扶住它，常常手忙腳亂，在一行人中顯得十分突兀。

那個行李袋據說是父親結婚前跟著他四處遷移裝滿家當的戰友，在我出國時則被裝了滿滿的禦寒衣物、胃藥感冒藥、泡麵以及父親的戰友二號：一支可以快速加熱煮開水的電湯匙。

我也想起了國中時得知自己喜歡的樂團要在我的生日站上台北101開演唱

會，我不抱希望地詢問父母能不能去台北參加，卻被無情拒絕，最後只能看著新聞偷偷哭泣。現在的我，何止可以到台灣其他縣市看演唱會，就算是飛到日本觀賞，也都不是難題了。

時間為人帶來許多改變，在我身上帶來的變化，目前為止看起來大致都是好的。但在港都拖車產業上，卻顯得有些殘酷，過往的體制勢必面臨更多挑戰，以往百家爭鳴、各占一片天的狀況會越來越少，產業整體衰微，就連接手學習技術的人也都越來越難找了。但將這樣的轉變放回父親或這群已經為拖車產業奉獻數十年的師傅身上，他們會覺得殘酷嗎？會覺得有遺憾或不捨嗎？

忠叔為了即將關門的工廠整夜睡不著覺，他一定是遺憾的，而且可能還有些不甘心。他還沒有準備好要離開這個產業，可是身體沒有給他太多時間，現實狀況的改變，更是來得又急又快。

父親在嘴上把退休一事說得雲淡風輕，生活過得瀟灑自如，但也常常聽母親說他跑去工作了，就算這份工作對他身體施加的負擔越來越重，父親似乎怎麼也無法完全放下、再也不碰。

大概就像我們無法輕易割捨自己辛苦工作積攢的血汗錢，花筆大錢犒賞一下自己都要愉快兼著心虛肉痛，父親與這些師傅大半輩子在拖車產業中累積下來的財產，除了房子車子，大概就是自己的一身技術與那一小片能讓他們「呼風喚雨」的江山，我想，不管是誰，都很難輕易放手、轉身離去。

但時光不會停止轉動，就像我成長的高雄市小港區不會一直都是同一個樣子。拖車產業會隨著時間、社會的變遷不斷改變，這群師傅或許有些會因為年邁跟不上腳步而慢慢緩下前行的速度，有些或許會倚仗著一身硬工夫偶爾被請出茅廬，硬是在工作現場技壓後輩。

無論是哪種樣子，父親以及這群港都黑手師傅堅持了一生的工作、技術，還有他們隨著時間不斷遷徙的生命，都讓我有幸透過這本書保留下吉光片羽。

漫長的寫書時光，讓我得以記錄更多的變化，也得以參與他們工作生涯中更多不同的階段。這是我最大的榮幸，謹以此書向這群用雙手打造台灣重工業發展紅血球的師傅致敬。

1 練痟話（liān-siáu-uē），說些不著邊際、沒什麼內容的對話，用現在的詞彙來說，也能理解為說垃圾話。

攝影篇

拖車師傅的工作現場

Chih-Hsuan Wu 攝影

師傅們稱為「台糖停車場」的是台糖所有地，鄰近小港機場與商用港口，供航運公司停放貨櫃使用。為了載卸貨櫃，這裡常有聯結車進出，自然也吸引一些小型保養廠在裡面設點。

台糖
台糖公司休閒遊憩事業部
BUSINESS DIVISION, TSC

NSTF 022

NSTF 016
THERMO KING

拖車工廠

板台忠的工廠是十分典型的小型保養廠。有一台可裝設冷氣、可做為室內空間的貨櫃；有用輕鋼架搭起的半露天空間，可用來放置電機、怕陽光直曬的機具材料，通常也會設置辦公桌當作簡易的休息辦公空間。師傅們的工作空間則用大洋傘來遮陽。

28
FUGIMAKU

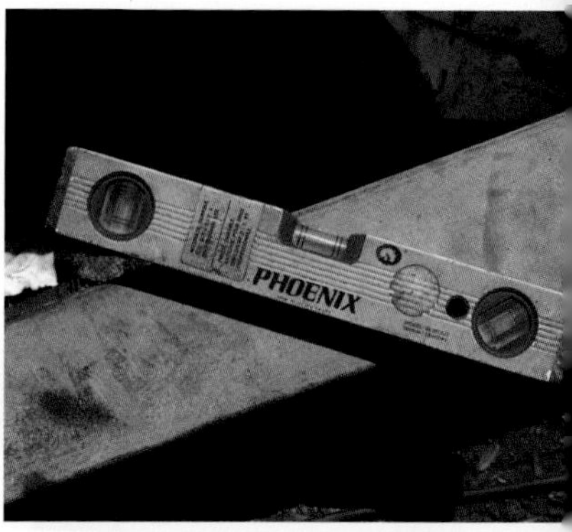

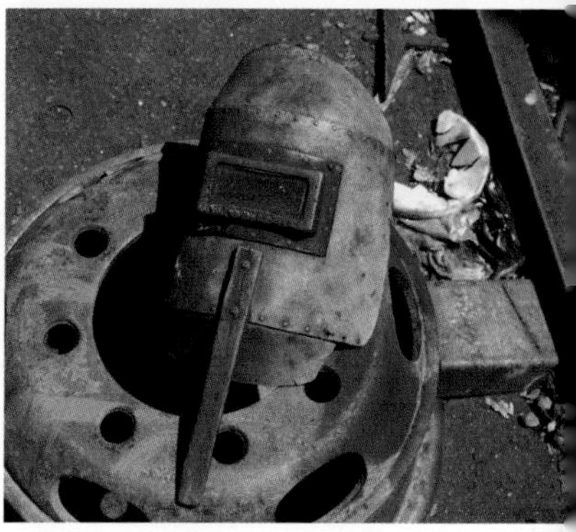

4	3		1
6	5		2

拖車工廠內部與師傅的工具

1. 半室內空間四處散落著零件工具，雖然雜亂無章，但都經過分類放置。
2. 工業公司的空間配置。外面用鋼架搭起來的半露天空間，就是給師傅使用的工作區域。屋頂可以看到俗稱天車的黃色吊具。米白色牆壁後面是簡易建築，一樓是有冷氣的辦公空間，老闆、行政人員、設計師一般都在辦公室工作。二樓則是提供給學徒、外籍移工的居住空間。（謝嘉心攝影）
3. 水平儀　4. 捲尺、直角尺、面罩
5. 面罩。點焊時用以過濾強光，是保護師傅眼睛的重要工具，遮蔽全臉的面罩尺寸，也可以有效抵擋飛濺的火星。
6. 給鋼材零件鑽孔打洞用的工具機

再利用零件區

工廠常常可以看到大量的空油桶、老舊零件、鐵桶、手套等重複物品。上圖與右圖皆是等著回收、賣廢鐵的材料以及可以再利用的材料，從中可看出師傅們惜物愛物，捨不得丟東西的性格。

敲打與測量

拖車製造產業嚴格說來並非精密工業，許多測量與製造過程都十分依賴師傅個人的手感。比如左圖，師傅正在手工敲打需要彎折的鋼材，角度都是看感覺，尺寸長度與角度也僅靠捲尺、水平儀或直角尺來繪製測量。

切割

拖車產業最重要的一項技術就是切割，師傅一般是使用俗稱為 CO_2的電離子切割機。手持切割機切割直線（左上圖），是小學徒入門的必修課之一，而切割圓形、弧線就十分考驗師傅的經驗與技術了（右圖）。

工廠附近某位師傅切割的傾心力作，鎖在他的機車後輪擋泥板上。
(謝嘉心 攝影)

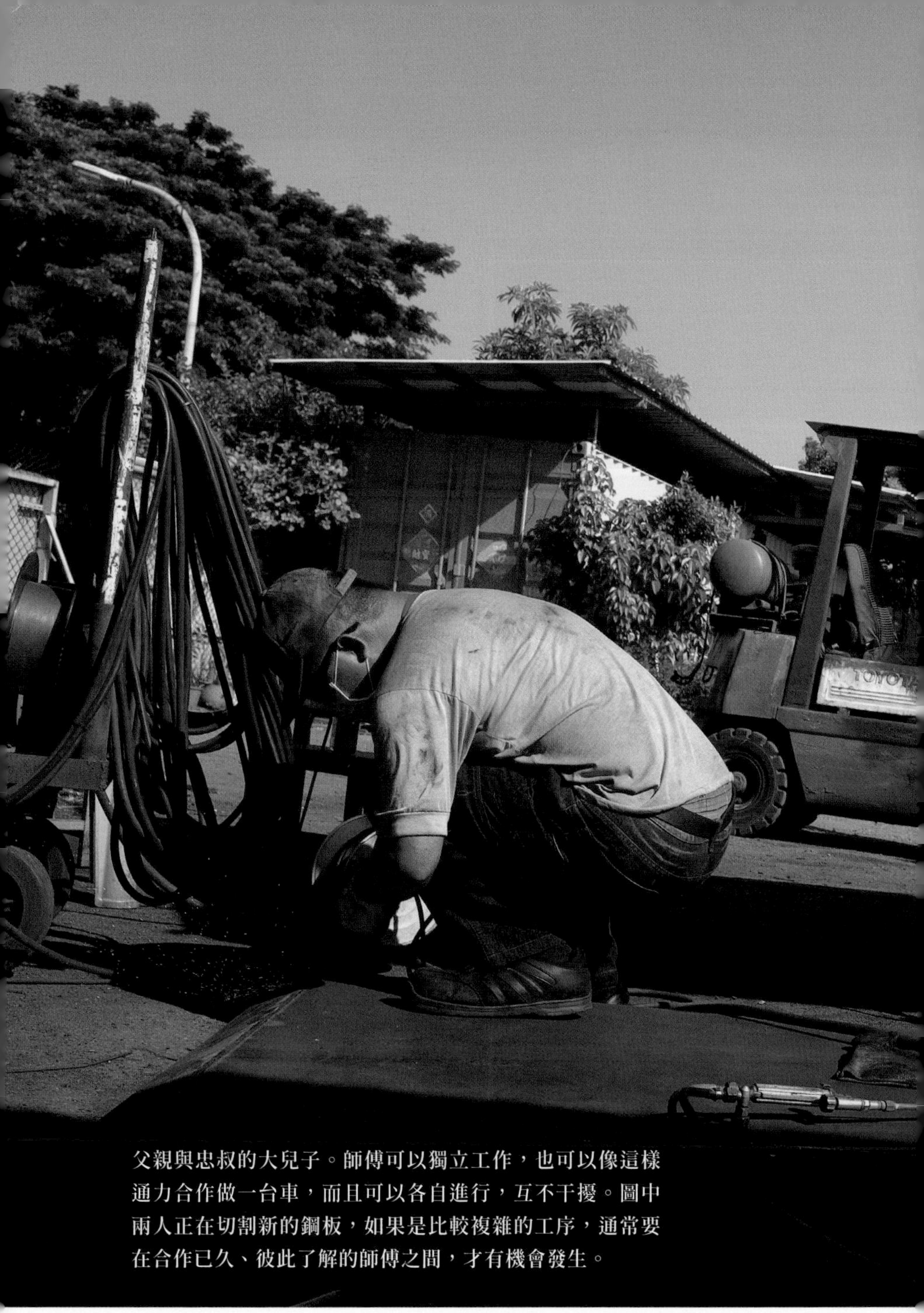

父親與忠叔的大兒子。師傅可以獨立工作，也可以像這樣通力合作做一台車，而且可以各自進行，互不干擾。圖中兩人正在切割新的鋼板，如果是比較複雜的工序，通常要在合作已久、彼此了解的師傅之間，才有機會發生。

點焊

點焊是用來黏接不同鋼板，或者加固鋼板之間的縫隙。由於會發出強光，十分傷害眼睛，所以師傅需要一手拿著護目面罩，用單手點焊。上圖是切割用的電離子切割機。

FO 22
016

噴漆與切割

1. 保養完工後，忠叔習慣在他們更新的地方噴上新漆，標示自己工作的結果。
2. 忠叔正從車上切割下需要更新的舊鋼板。

2 1

022

GOLD

修理金桶

父親用工廠裡的機具材料，幫忠叔的自製金紙筒更換底板。

午餐休息

師傅通常就地休息，尋找陰涼處、開著電風扇坐下吃飯。因為怕溫差造成中暑，所以會刻意不進入冷氣房。工廠裡通常不會有餐桌，師傅們常常手裡拿著便當、隨便找張椅子，就坐下來吃飯。

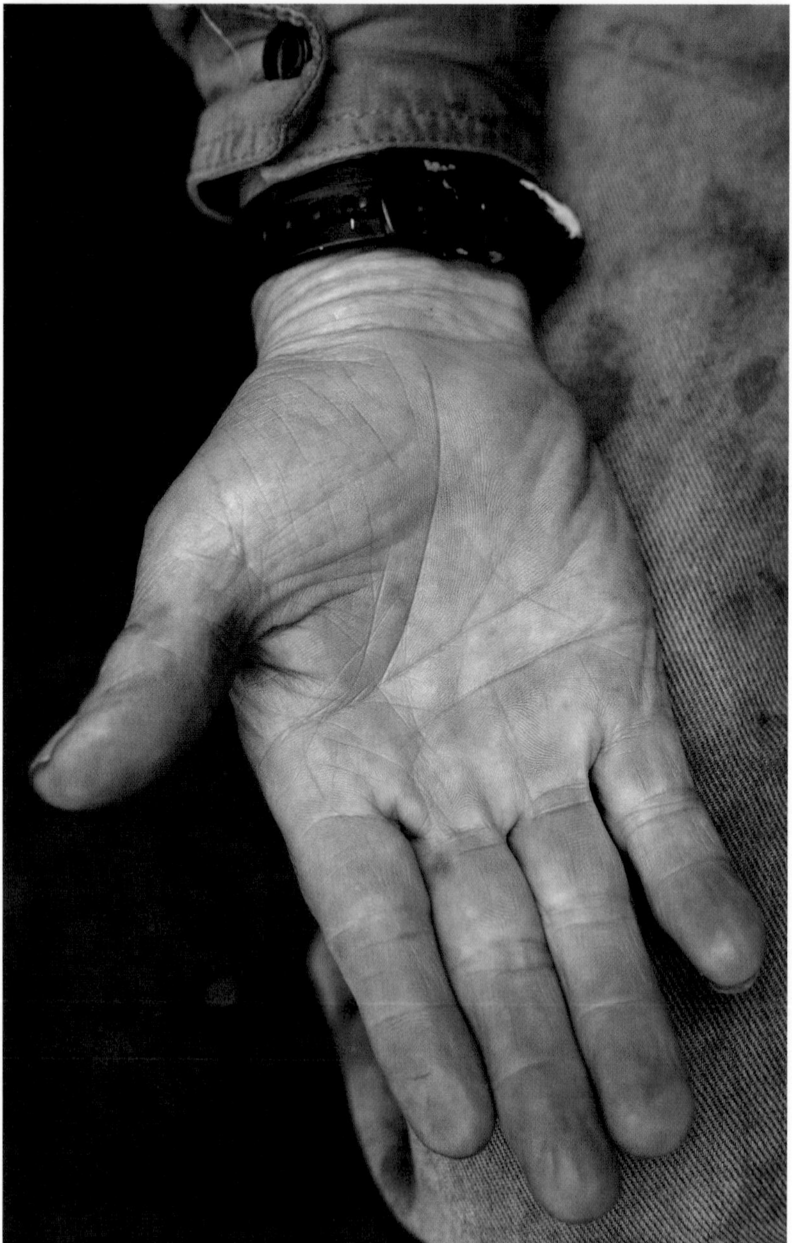

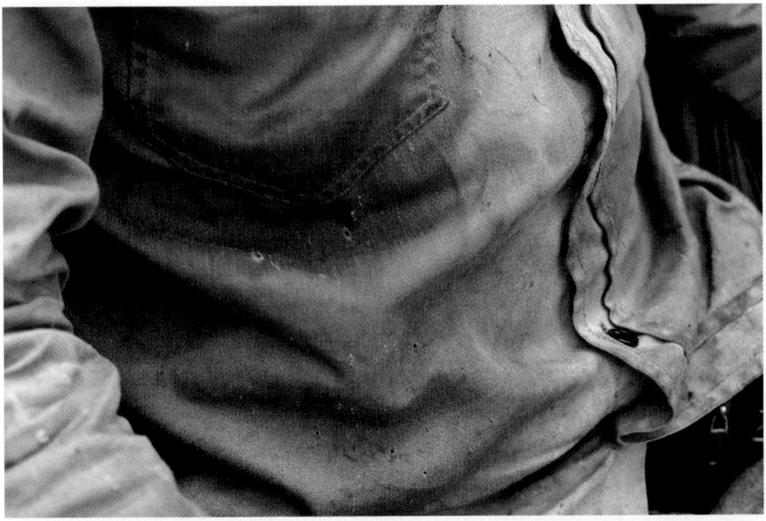

烏手

因為長期與機具為伍，雙手不可避免一定會沾上油污，這類工作的從業人員在台語語境中就被稱為「烏手」。他們身上的衣服、鞋子也都很難避免污損的痕跡。

夕陽產業

地方的發展與重工業常常難以兼顧。原本機場旁的一排機具工廠、保養廠，都因為當地人抗議而選擇拆遷。高雄市內享有地利之便的拖車工廠、保養廠將會越來越少。

忠叔生了一場大病，工廠也即將關閉，雖然為了工廠關閉的事難以成眠，但他開朗的性格一定會讓他的退休生活也很精彩。

父親十五歲從業至今已將近五十年，他看起來還捨不得完全退休，全心全力享受著工作、二胡與開心農場兼顧的勞動生活。

父親（右一）與忠叔一家人。忠叔的夫人（左二）在工廠兼任簡單的行政工作，她會跟忠叔（右二）待在工廠一整天，是典型的無給職「老闆娘」。忠叔的大兒子（左一）選擇進入與父親相同的行業，原本是待在自家工廠工作學習，板台忠確定要收的時候，忠叔便為他找了新東家。